第三辑

# 上财商学评论
## SUFE BUSINESS REVIEW

主题插画：元宇宙

主　　编：魏　航

副 主 编：孙　琦　　王文斌

学 术 顾 问（按姓氏拼音顺序）：

戴国强　干春晖　靳玉英　靳庆鲁　鞠建东
孙　铮　徐　飞　张付强

编 委 会（按姓氏拼音顺序）：

鲍晓华　蔡亚华　陈志俊　董　静　贺小刚
居　恒　李　眺　李卓政　蔺　楠　刘志阳
聂光宇　孙　琦　陶之杰　田　鼎　王文斌
王晓玉　魏　航　谢家平　周　照　朱林可

编委会执行主任：陆丽娜
专 题 组 策 划：杜佳峰 等

联系邮箱：
sufebr@mail.shufe.edu.cn

 上海财经大学出版社

主管：上海财经大学　　主办：上海财经大学商学院

图书在版编目（CIP）数据

上财商学评论.元宇宙 / 魏航主编 .-- 上海：上海财经大学出版社，2022.9
ISBN 978-7-5642-4013-4/F. 4013

Ⅰ.①上... Ⅱ.①魏... Ⅲ.①经济学—文集②信息经济—文集 Ⅳ.①F0-53②F49-53

中国版本图书馆 CIP 数据核字 (2022) 第 137713 号

# 上财商学评论 （第三辑）

编 著 者：魏航 主编
责任编辑：朱静怡
出版发行：上海财经大学出版社有限公司
地　　址：上海市中山北一路369号(邮编200083)
网　　址：http://www.sufep.com
经　　销：全国新华书店
印刷装订：上海颛辉印刷厂有限公司
开　　本：889mm×1194mm 1/16
印　　张：10.75
字　　数：267千
版　　次：2022年9月第1版
印　　次：2022年9月第1次印刷
定　　价：68.00元

# 元宇宙和小宇宙：
# 技术和商业的共同燃烧

文 | 编辑部

"四方上下曰宇，往古来今曰宙。"

自然宇宙从混沌中演化成为一个有序的世界之后，经过无数次的变异，演化出现了人类。人类，尤其是智人，和其他生物的主要区别之一就是想象力。《人类简史》的作者尤瓦尔·赫拉利在书中提出一个颠覆性的观点，人类从古至今创造出光辉灿烂的文明，背后最深层、最根本的驱动力在于以想象力驱动的认知革命。想象力是人类进步的底层驱动力，人类对想象的实现能力更是超乎想象。正如赫拉利所说，文明的发展也是人类融合、统一的过程，这一次文明交汇于元宇宙。

元宇宙并不是一种新兴的技术，它蕴含了当下人类对未来的想象。元宇宙是将已有的各种数字新技术集成起来，形成一个数字技术整体，统一刻画人类想象中的未来数字新世界，以实现统合综效的整体目的和整体愿景，指明人类迈向数字文明新时代的新方向。

早在 2006 年，美国加速研究基金会（Acceleration Studies Foundation, ASF）就已经发布了《元宇宙路线图：通往 3D 网络之路》，并指出：元宇宙是虚拟增强的物理现实与物理上持续存在的虚拟空间的融合，这一融合使用户可以同时对两者加以体验，还指出没有一个单一的、统一的实体被称为元宇宙。

元宇宙之所以在今天突然从梦想照进现实，是技术和商业的发展周期使然。首先，东西方文化不约而同地对虚拟世界与现实世界之间的关系进行了深入思考，无论是全真互联网还是虚拟现实技术，让早已经在科幻电影和在线游戏中实现的文化元素渗透社会大众的生活。其次，科技产业软硬件的发展周期正处于前一个周期的尾部、后一个周期的起点，需要逐步凝结共识，激发新一轮的创新。最后，始于2020年初的全球新冠肺炎疫情，使得人们生活的方方面面都发生了深刻的变化，人类数字化进程驶入了快车道。

新冠肺炎疫情之前，以智能手机、计算机和互联网等数字媒介为依托的各种数字化工具，已经让我们体验到了使用数字技术所创造的各种超越现实的世界。无论你是谁，我们已经在一个真实世界与虚拟世界共存的宇宙中生存了很久。新冠疫情之后，人们经历了一种与未来对视的紧迫感：时间不断逼近，未来并没有发生，一切科幻想象都没有兑现。于是，人们重新将目光转向科技。社会的变革是缓慢的，但科技的变革却是迅捷猛锐、生生不息。科技的更新成了我们对当下唯一可以期盼的东西，用以补救我们对未来想象的空白。

这一点，从国家和地方政府对元宇宙的高度关注中可见一斑。上海率先出手，直接将元宇宙写入"十四五"规划，长三角圈的江苏和浙江相继跟上，北京不甘落后也明确布局元宇宙。元宇宙被写入多地的政府工作报告，形成抢跑布局百舸争流的态势。与互联网产业发轫于草根民间的探索不同，"元宇宙中国"的提法显然寄托了更宏大的产业承载和弯道超车的时代梦想。

元宇宙距离现实有多远？技术这把尺子现在还量不出来。与每个技术发展周期类似，元宇宙尚处在概念传播与创新孵化期。管理学大师彼得·德鲁克说：一个社会问题就是一个商业机会，一个巨大的社会问题就是一个巨大的商业机会。元宇宙"仍是一个不断发展、演变的概念，不同参与者以自己的方式不断丰富着它的含义"。对概念的实践和落地才是定义概念的最佳方式，在这个过程中才能去伪存真。

疫情时期居家办公的人人孤岛，被虚拟网络连成实体，虚拟网络无限逼近地向实体经济延伸，成为推动实体经济发展的重要动力。这更笃定地证明了，互联网未来将是人类社会协作的重要组织方式。过去，我们的互联网主要是在虚拟经济领域；如今，互联网已经"脱虚向实"，成为解决人类痛点、难点问题的重要路径。而疫情，作为一次人类社会痛点、难点问题的总爆发，很好地引导人类探索互联网推动实体经济发展的可能性，促进人类社会进入全新的文明时代，即数字文明时代。

两千多年前，道家的庄周就在思考，是庄周做梦变成蝴蝶，还是蝴蝶做梦变成庄周。"周与胡蝶，则必有分矣，此之谓物化。"1954年出版的《存在主义与现代的困境》（Existentialism and the Modern Predicament）一书的作者弗里德里希·海涅曼（Friedrich Heinemann）警告说，即将到来的"超级快速计算机"会引发一个"真正存在主义的问题"，那就是人类如何还能继续自由下去。《人类简史》里有一段浪漫的话："把你体内的DNA搓成一条线的话，它能延伸100亿英里，比地球到冥王星的距离还远。所以光靠你自己就足够离开太阳系。"你就是小宇宙，终有一天你会发现自己内在小宇宙的巨大力量。

或许是时候开始考虑打造属于每个人自己的元宇宙了。

# 目录

**海派观察**　大融合前夜，我们应该如何认知元宇宙？
文 | 赵国栋　中关村大数据产业联盟秘书长，《元宇宙》一书作者　　002

元宇宙公开课：事先张扬的关系再造价值
文 | 刘勇　北京星立方科技发展股份有限公司副总经理　　016

刘润论元宇宙产业
观点 | 刘润　商业顾问，互联网转型专家，润米咨询创始人兼董事长
文 | 编辑部　　028

**名师一堂课**　虚拟数字人到元宇宙：从已知到未知
文 | 高维和　上海财经大学商学院教授
　　喻秋槿　上海财经大学商学院市场营销系博士研究生　　046

**商学访谈**　开放与创新：元宇宙的中国发展路径
访谈 | 沈阳　清华大学新闻学院元宇宙文化实验室主任　　062

元宇宙除了技术，还应体现价值回报
访谈 | 方军　《元宇宙超入门》作者　　072

躬身入局：让技术跟产业两个齿轮磨合
访谈 | 王淮　线性资本创始人兼CEO，地平线机器人、酷家乐、神策数据、
　　思灵机器人等公司天使投资人　　082

元宇宙：关于梦想的商业模式
访谈｜王煜全　海银资本创始合伙人，得到APP"前哨·王煜全"
　　　　　　　"全球创新260讲""全球创新生态报告"栏目主讲人　　　　090

创业博物馆的故事——2.0版本
访谈｜苏菂　车库咖啡创始人，You+ 国际青年社区联合创始人，
　　　　　中关村创业博物馆馆长，中国"双创"的亲历者和观察者　　098

品牌力：设计与商业的互相成就
访谈｜童慧明　广州美术学院教授，前广州美术学院工业设计学院院长，
　　　　　　　BDDWATCH 发起人　　　　　　　　　　　　　　　　108

**预想图**

**#技术派**
走向"现实"的虚拟人
文｜洪倍　大数据系列架构专家，入微智能创始人 CEO　　　　　　124

**#创课堂**
元宇宙昙花一现？
文｜于佳宁　中国移动通信联合会元宇宙产业委员会执行主任，《元宇宙》作者　　134

元宇宙与宅生活：新技术与新生活的共舞
文｜编辑部　　　　　　　　　　　　　　　　　　　　　　　　　140

新国潮美学经济研究与 TEAC 模型
文｜白微微　特别事物研究所首席顾问，同济大学设计人工智能实验室博士，
　　　　　　上海交通大学文创学院客席导师　　　　　　　　　　　148

盲盒的消费记录，是这个时代的价值透支
文｜编辑部　　　　　　　　　　　　　　　　　　　　　　　　　156

# 01

# 海派观察

### 大融合前夜，我们应该如何认知元宇宙？
文｜赵国栋　中关村大数据产业联盟秘书长，《元宇宙》一书作者

### 元宇宙公开课——事先张扬的关系再造价值
文｜刘勇　北京星立方科技发展股份有限公司副总经理

### 刘润论元宇宙产业
观点｜刘润　商业顾问，互联网转型专家，润米咨询创始人兼董事长
文｜编辑部

赋 能 商 学 实 践　　传 播 商 业 文 明

# 大融合前夜，我们应该如何认知元宇宙？

文 | 赵国栋  中关村大数据产业联盟秘书长，《元宇宙》一书作者

元宇宙不同于过往任何一项信息技术，也不同于过往任何一个产业，同样不同于任何一个学科。

元宇宙描绘了人类社会的共同愿景，满足了人们对精神世界永恒追求的梦想，点燃了每个人内心深处的激情。一粒沙里有一个世界，一朵花中有一个天堂，无穷无尽可以握在手掌，永恒不过是刹那时光。这不再是诗化的哲学思辨，而是可视化、形象化的元宇宙常态。

在理想的元宇宙中，人尽其才、物尽其用，人人都是创造者，人人都是体验者。每个人都像孙悟空一样，拥有"七十二变"的本事，一个筋斗十万八千里，遨游太虚幻境，体验不一样的世界，甚至不一样的人生。

## 认知元宇宙的钥匙

人们对元宇宙的态度，可以分为截然不同的两类。

一类人嗤之以鼻。他们的典型观点是，元宇宙无非是 VR/AR（虚拟现实/增强现实）的"马甲"，或者是大号的游戏。更有甚者，把元宇宙当成"割韭菜"的工具，无论是资本市场的股价飙升，还是数字藏品的天价成交，统统斥之为"造概念""割韭菜"。

另一类人欢呼拥抱。他们苦红海竞争久矣，盼元宇宙如他乡遇故知、久旱逢甘霖，详加论证，躬身入局。

全面理解元宇宙需要多方面的知识，而且必须极具前瞻性和系统思维能力。这涉及自古以来人类的两种宇宙观。

一种宇宙观，可称为形而上学。秉持这种观念的人，往往片面、孤立、静止地看问题。往往看到了 A 事物，就看不到 B 事物；或者只看到 A 事物的表面，就一惊一乍。这种错误的宇宙观有两种极端表现：棒杀和捧杀。不分青红皂白，一律斥之为骗局，是棒杀。不深入思辨，将所有高大上的概念统统往元宇宙的筐里装，从而模糊了方向、失去了焦点，是捧杀。"割韭菜"为人深恶痛绝，就把元宇宙贬为"割韭菜"的工具；量子纠缠足够烧脑，就用量子纠缠解说元宇宙，这都是形而上学观念的表现。秉持这种观点，即便是善意批评，都不可取。

另一种宇宙观，是辩证系统观。即从系统的观点看世界，认为世界是普遍联系，是非线性发展的。从古至今，中外贤达莫不秉持这种宇宙观。辩证系统观是中国古老的整体论与西方一般系统思想融合升华的产物。"系统"的简洁定义由中国导弹之父钱学森提出：要素及其关系构成的整体就是系统。科学家们发现，在量子物理的世界中，亚原子粒子作为孤立的实体不具有任何意义，它们只能被理解为各种观察和测量过程中的相互联系或关联。关于系统的认知和量子世界的实践都明确地告诉我们，构成系统整体的要素之间的联系，才是破解系统的密钥。

按照系统论的观点，系统的关键特性一定出自整体。换句话说，但凡可以成为系统的，至少含有任何组成部分都不具备的一个特征。这个特征来自其组成部分的相互关联和相互作用。如果系统在实体上或理论上被分割成孤立的单元，这些特征将不复存在。虽然我们在任何系统中，都可以辨别出各种独立的组成单元，但这些单元都不是孤立的。

因此，应该从整体上分析元宇宙基本构成要素，提炼其运行所必须遵循的基础法则，识别超越其任何组成部分的共同特征，而不是割裂地、孤立地、静止地看待元宇宙某个组成部分。这才是正确认识元宇宙的第一步。

## 元宇宙的六个基本特征

　　从微观层面来看，元宇宙改变了每个人的最基础行为，从而在宏观上改变了整个人类社会的形态。

　　元宇宙时代，人类认识世界的方式发生了变化。临场感、体验式、演习式的学习方式，将成为主流；虚拟的体验，可以带给人们真实的知识和技能。这将引发教育行业的大变革，甚至是所有行业、所有需要人们学习的领域都将发生变化。按照圣地亚哥学派的观点，认知的过程就是生命的过程。认知的过程涉及感知、情感和行为，即整个生命过程；对人类而言，还包括语言、概念思维及意识的其他方面。这就是元宇宙的第一个特征：亦真亦幻的体验。

　　人类与数字世界交互的方式发生了变化。图形界面取代了命令行，人们不需要记住各种各样的操作指令，使用鼠标、键盘就可以操控计算机。智能手机的流行，始于多点触控技术，人们指指点点就可以获得各类信息，操作进一步简化，无论白发垂髫皆可操作自如。元宇宙时代，人们动动嘴就可以了，而且是跟栩栩如生的数字人对话，数字人会替我们完成曾经需要手机来完成的事情。这体现了元宇宙的第二个特征：自然而然的交流。

　　人类创造与生产的方式发生了变化。工业时代，从设计到生产、生产到消费有很长的周期，产品的门类不同，涉及的材料、工艺、流程也完全不同。在数字世界中，设计就是生产，产品就是商品，从此可以摆脱物理法则、工艺材料的限制，把人类创造的天性发挥到极致，达到随心所欲的境地。这种极高自由度的表达，甚至可以轻松重现每个人的梦境，由此衍生出的创作者经济会重塑整个产业生态。一项技术如果只和人们的吃喝玩乐相关，恐怕难言伟大，但如果全面进入创造生产环节，帮助人类改造世界，代表先进的生产力，必将彪炳史册。这是元宇宙的第三个特征：自由自在的创造。

　　人类交易的方式和过去有了显著不同。交易是经济的最基础行为。在移动互联网时代，主流购物是大型电商平台。在元宇宙中，商品和场景高度相关：娱乐场景，美酒、美食萦绕左右；会议场景，图书、期刊漂浮空中。人们所处之地，即商品展示之所，购买过程异常简单，轻触商品就可完成。信用卡、银行账户不再重要，数字货币将成为主要支付媒介：一手交钱，一手交货，货款两清，实时结算。对金融行业来讲，这既是机遇也是挑战。由此衍生出庞大的元宇宙经济体系，该体系的经济原理和传统经济学有所不同：不存在供给问题，完全是需求问题，尤其是人类的精神需求，不能用人类劳动来衡量商品价值，取而代之的是人们的认同度。这体现了元宇宙的第四个特征：随时随地的交易。

人类赖以生存的时空和过去相比有明显的不同。物理时空是牛顿的、是爱因斯坦的、是量子的，从牛顿的绝对时空到爱因斯坦的相对时空，再到量子概率时空，反映了人类认识的进步。物理时空遵循物理法则。数字时空则不同，它既不是牛顿时空、爱因斯坦时空，也不是量子时空；它又可以是牛顿时空、爱因斯坦时空，或量子时空。数字时空是程序定义的，是人为设定的。每个人可以定制自己的时空，创造自己的"泡泡"元宇宙。元宇宙空间和物理空间的关系可以分为数字孪生、数字原生、虚实共生三种。数字孪生是物理空间和数字空间一一映射，两者100%相同；数字原生是可以和物理空间完全不同，两者的相似度可以达到0%；虚实共生则是物理空间和元宇宙空间相互影响，你中有我、我中有你。这就是元宇宙的第五个特征：亦虚亦实的场景。

物理世界中时空不可分割，但在元宇宙中，时间和空间既可以独立存在，也可以融合存在，这取决于具体的应用场景。如同照片可以记录人们的美好瞬间，在元宇宙中，人们生活的片段也可以记录下来永远存在。元宇宙记录的生活片段，人们可以参与其中，与之对话、交流，就像回到了过去的时光里。时间捉摸不定，曾迷惑了奥古斯丁，误导了牛顿，启发了爱因斯坦，困扰了海德格尔。时间是"事物"发生的先后次序，不是独立的存在；但在元宇宙中，时间可以被压缩、拉长，在事物发生的次序中可以插入其他的事件，甚至许多事情被压缩在同一个时刻进行。元宇宙既可以把刹那变成永恒，也可以把永恒化为一瞬。这就是元宇宙的第六个特征：似有似无的时间。

亦真亦幻的体验、自然而然的交流、自由自在的创造、随时随地的交易、亦虚亦实的场景、似有似无的时间，这既刻画了人类基础行为的改变，又是元宇宙的整体特征。我们可以从这些特征出发，判断哪些技术最具发展前景、哪些公司最有发展潜力、哪些行业可能即将兴起，进一步引申，则涉及治理体系、经济体系、科技体系、意识体系等的变化。

元宇宙超越了民族、国家，甚至宗教，在元宇宙中谈论治理、经济、科技、意识显然具有全球意义。

## 元宇宙的两个构成要素

研究元宇宙，就要追问其基本构成要素。剥去堆叠的浮华外表，把所有能删减的统统删除，最终剩下了两个要素。正是这两个要素的互动、化合、融合，组成了奇幻瑰丽的元宇宙。这两个要素是：数和人。

数分0和1，人分后人和数字人。

0和1的不同排列组合构成万物。人类制定编码规则，规定0和1的不同排列组合代表某类事物。编码或程序，无非是0和1的排列组合和先后次序。因此，0和1构成的世界，也就是人类抽象思维的产物。人类的思维体现于编码或程序中：赋予0和1意义，让数字世界变动不息、生生不息。

程序和数字，一动一静，变化无穷，衍生出一个"数字智能体"。如果我们在与这个数字智能体交流的过程中无法判断它是不是程序，那么就可以认为它具备了智能。这是著名的图灵测试。

当我们给这个数字智能体赋予人类优雅美丽的外貌时，一个新物种——数字人产生了。

从根本上说，到目前阶段，数字人还是人类思维的载体。如果有一天，数字人从海量数据中自主生成一个新编码、新程序，那么从此就开启了独立演化之路。

埃隆·马斯克对此深表悲观。他曾联合霍金发表了一封公开信，信中称：如果任由人工智能发展而不加以控制，人类的前景可能会相当晦暗；务必提前阻止这种事情的发生，否则人类将因此灭绝。

脑机接口研究是人类应对人工智能潜在威胁的方法之一。该研究旨在通过将大脑与数字世界直接联通，从而将人工智能的能力赋予人类。人工智能与人一并进化，从此展开激烈的竞争。从数字到数字人，从人类到后人类，元宇宙中人类和数字人的进化之争将是社会进步的不竭动力。

数和人两个基本要素的不同组合，构成了元宇宙万物。编码后的数字排列组合，就是数据。数据+自动化的程序，就是人工智能。人工智能叠加人类形象，就是数字人。数字人叠加外骨骼，就是机器人。再进一步给机器人穿上人类的皮肤，就是仿生机器人。随着人类和数据融合的程度加深，脑机接口会深刻改变人类操控数字世界的能力。当人工智能变成一个个接入人类大脑的芯片，一个新的超人物种就此诞生。

从社会层面看，自然人、数字人、机器人、大脑升级的自然人、外貌升级的数字人，构成了未来社会的基本形态。我们且称它为虚拟社会。

数据+程序构成的数字世界，不能被简单地认为是客观还是主观。所有编码都是人类制定的，所有程序都是人类编写的，这个数字世界是人类思维的产物，是人类精神世界。

也就是说，数字世界和人类精神世界具备高度的内在统一性，因此，它们一定是相互联系、相互影响的。数字世界是人类精神世界的具象化，具象化的数字世界又重塑人类精神世界。人类意识之谜，或许将在元宇宙的演化过程中得以破解。

## 元宇宙运行的三个根本法则

识别出元宇宙的两个基本要素后，元宇宙运行的根本法则就自然而然地产生了。

决定数字排列组合规律的是数学，反映人类精神活动的是心理学，规范人与人、人与数字人之间总关系的是伦理学。数学、心理学、伦理学，就是构建元宇宙的根本法则，也是研究元宇宙全球治理机制、元宇宙经济规律、元宇宙安全体系必须遵从的依据。

元宇宙只遵循数学法则，所有物理法则在元宇宙中都不存在，那么，大家就容易理解为什么会用"亦虚亦实""似有似无"来概括元宇宙的时空特征。当然，也可以用量子理论来描绘元宇宙，或者不用量子理论未尝不可。采用何种规律来建设元宇宙，取决于人类的选择，或者说取决于人类要达成的目标。这就给了人类科学研究极高的自由度，只要算力允许、只要给出数学模型，元宇宙就能"生"出全新的"宇宙"。人类在元宇宙中，可以任意修改宇宙常数，譬如小说《三体》中，科技高度发达的三体人改变了宇宙背景辐射，向人类示威。在元宇宙中，改变宇宙背景辐射又有何难？甚至连普朗克常数都可以试着改改。

因此，从整体上描述元宇宙不能套用任何物理法则。套用物理法则，就"着相"了，从而偏离了本质。当然，利用元宇宙模拟某个物理规律、构建数字孪生世界，不仅完全可以，而且是改造物理世界所必需的。这就是人类认识世界的一类范式：计算机仿真。

到目前为止，对于人类的心理，还没有数学工具可以描述，只能用统计方法做一些归类分析。数学遇到心理，是无效的。那么，人类为什么要编写某些代码？如果说，写出人类历史上第一个广泛传播的计算机病毒Elk Cloner的美国人——里奇·斯克伦塔（Rich Skrenta），是出于恶作剧，想炫耀自己的汇编语言技能，那么，开发出诱导孩子一步步走向死亡的游戏《蓝鲸》的人，其内心的阴暗恐怕是有缘由的。人类社会如果不能对心理机制深入研究，恐怕就很难消除类似《蓝鲸》的社会"毒瘤"。

人类在元宇宙中做到了自由自在，获得了前所未有的更直观、容易的表达能力，甚至达到了"宇宙即吾心，吾心即宇宙"的境地。那么，人类在创造世界的过程中，摆脱物理法则后，应该遵循什么？这是非常严肃的话题。至少，在这个领域里可以看到人类的局限：尽管摆脱了物理法则，但需要受到内心的束缚。也许，每个人都能在元宇宙中成为孙悟空，但很多孙悟空的头上都必须戴有紧箍圈。

"己所不欲，勿施于人"，是孔子几千年前的训诫，也是人与人之间的基本伦理。数字人出现后，我们不想做的事，可否让数字人做？数字人做了坏事，数字人的"主人"是不是应该承担责任？还有类似《蓝鲸》游戏的开发者，又应该受到怎样的惩罚？

这些不是计算机的程序所能决定的，而是元宇宙时代的道德观、义利观奠定的。有些观点认为未来会产生很多"垃圾人口"，秉持这种观点的人，明显缺乏元宇宙时代的基本伦理观。

## 元宇宙经济体系

元宇宙中的所有物品或商品都是 0 和 1 的排列组合，没有原材料问题、没有工艺问题、没有物流问题、没有仓储问题，根本来说是没有稀缺性问题。因为从理论上看，任意商品都可以任意复制，从而商品极大丰富。

换句话说，在元宇宙经济中，不存在供给问题，只有需求问题。

供给和需求一直是传统经济学的核心问题，由此衍生不同学派。例如，供给学派认为，生产的增长决定于劳动力和资本等生产要素的供给和有效利用。在元宇宙中，供给学派似乎没有立足之地。元宇宙的需求，确切地说是心理需求，而不是生理需求。生理需求可以量化，心理需求则无法衡量。

在元宇宙经济中，供给和需求两端都发生了根本的改变。在供给端，重点是如何制造稀缺性；在需求端，研究的是人们的认同机制。毕竟，元宇宙的商品价值不是由人类的一般劳动决定，而是由人们的认同决定。

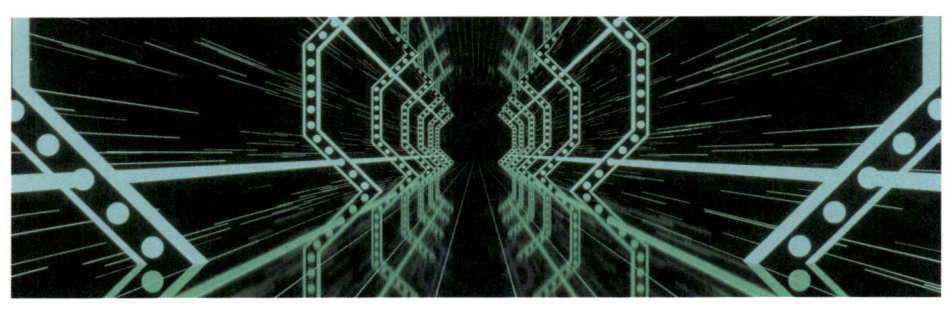

从数学原理出发，基于大数分解的难度，一整套完整的加密数字货币体系已形成，衍生出原生的数字经济。例如，GameFi（游戏化金融）、DeFi（分布式金融）、NFT（非同质化代币）、DAO（去中心化自治组织）等新的产业形态和新的组织形态。其中，NFT技术是解决数字商品稀缺性特征的关键技术之一，可以形成数字市场。

当下，全球产业格局都处于大变革前夜。在产业人心思变的背景下，技术恰如其分地实现突破，从而引发资本市场的热潮，技术、产业、资本的共振带来了发展的重大机遇。上海、北京纷纷出台政策，新一轮争夺高科技企业的大战在所难免。

谁抢占先机，谁就能汇聚更多的资源，从而获得先发优势。一时间，各行各业大潮涌动，各公司纷纷卡位置、抢资源，力求争得元宇宙经济的先手。

## 汽车元宇宙

汽车是仅次于住房的第二大消费品。

过去，汽车只是出行的工具；在元宇宙时代，汽车的作用不只是出行，就像移动互联网时代的手机不只用来打电话一样。想想看，我们每天用手机打电话的时间有多少，用手机看视频、聊天的时间又有多少？

元宇宙的诸多特征与汽车高度吻合。譬如，亦真亦幻的沉浸式体验，汽车的封闭空间让人们自上车的那一刻起就"沉浸"其中。进一步设想，如果汽车的挡风玻璃可以变成一块电影屏幕，如果柔性屏布满车窗、天窗、立柱，那么整个汽车不就是一个360度环绕式穹顶影院？

汽车的电池与手机的电池相比，简直就是源源不断的能源，如此充沛的能源理应可以支持更强大的计算能力。与其绞尽脑汁把各种芯片塞入手机，不如把更强大的算力装在汽车上，手机、AR（增强现实）眼镜、智能手表等都可以借助汽车的算力变得更轻巧、更智能。如果充分借助5G或6G的通信能力，汽车也完全可以成为边缘计算的平台，成为移动的计算中心。

如果自动驾驶的进步符合大家的期望，那么人们在旅途中的枯燥时光将变成一段美好的片段，吃着火锅、唱着歌儿，目的地就到了。

元宇宙时代，汽车的形态、功能、商业模式，所有的变化才刚刚开始。

人们不需要购买汽车，按需召唤就好。根据生活场景的不同，可以召唤不同的智能汽车。如果是去上班，就召唤一辆带有办公功能的汽车，在路上就可以处理一些会议、公务；如果是短途旅行，就召唤一座360度环绕式"穹顶影院"，看一场电影，打几局游戏，目的地就到了。

汽车制造和过去有明显的不同。在计算机诞生之前，工程师需要手工画大量图纸，三维复杂架构的汽车用二维图纸画出来，工作量可想而知。计算机发明后，人们使用计算机辅助设计软件，在二维的电脑屏幕上用立体模型设计汽车，相比手工制图阶段前进了一大步。

波音777飞机是世界上首架彻底摆脱图纸的飞机，它借助计算机技术，甚至没有生产样机，仅通过数字孪生、仿真模拟等技术手段直接进入量产阶段，研发周期缩短了40%。目前，汽车制造大范围采用数字孪生、仿真模拟等技术，大幅度提升了设计、制造效率。

尽管计算机已有汽车的3D模型，但受限于显示技术，3D模型仍然要在二维平面上显示，人们需要拖动鼠标才能从不同的角度观察汽车的3D模型。进入元宇宙时代，这一切又一次发生变革：工程师戴上AR眼镜，汽车的3D模型就出现在眼前前，既可以随意放大、缩小，也可以随意拆解、更换零件，以观察汽车的整体性能；工程师甚至可以进入3D模型内部，如同真正进入汽车一样，以发现用户体验、需求不足的地方，随时替换和改进。

元宇宙时代，一款新的车型会在元宇宙首先生产出来给人们试开试驾，也可能还没来得及试开试驾，数字人就已驾驶这款新车型奔驰数万公里了。

当然，驾驶汽车和游戏之间的界线也变得模糊。在物理世界中积攒的里程，可以成为游戏的经验值；在游戏中完成某项任务，也可以获得一次物理世界中的汽车升级服务。

汽车元宇宙并不都是赏心悦目的事情，也许一条事关隐私的医疗广告会不合时宜地出现在你的车窗上，恰巧又被同伴看到，令人尴尬。

## 航天元宇宙

有人曾把星辰大海和元宇宙对立起来，事实上，元宇宙最能大显身手的领域，恰恰就是航天领域。宇航员的训练、太空舱的实验、远程的保障体系，都离不开元宇宙的相关技术。航天人初闻元宇宙时都"不明觉厉"，明白以后又会长叹一口气：这事儿我们都干了很多年了！

与航天比起来，地球上的任何长途旅行都微不足道。以现在的技术，到达我们最近的邻居——火星，需要半年多时间；要到达另一个星系，就更不用提了。

漫长的旅途、封闭狭小的空间、枯燥烦闷的工作、孤独寂寞的感受，如何才能保持宇航员的身心健康？元宇宙也许是一个不错的解决方案。

读一读刘慈欣的短篇小说《带上她的眼睛》，就会有更深刻的理解。

## 文化元宇宙

名胜古迹在元宇宙中复刻，不只带来了新奇的体验，更重要的是保护和传承，甚至是涉及不同文明的竞争与治理。

假如在其他国家的某个元宇宙平台上有中国长城的数字孪生版本，当有人在数字长城上"乱刻乱画"，是否会影响中国长城的形象？

从这个意义讲，文化元宇宙不只涉及相关技术问题，更是国际间的文化 IP 产品打造问题。

## 教育元宇宙

元宇宙是人类认知方式的一次巨大革命。充分利用元宇宙，可以使知识普及的广度、速度远超使用以往任何手段。身临其境的学习、边学边练的学习，在元宇宙可以完全融合，这对于偏重操作和动手能力的学习内容尤为重要。

过去学围棋都是找更高水平的棋手切磋技艺，现在围棋高手们纷纷拜谷歌公司旗下 DeepMind 公司开发的 AlphaGo 为师，这个围棋领域的人工智能机器人，棋力远超人类棋手。更进一步地，如果 AlphaGo 愿意当老师，他不仅可以根据每个人的不同棋力因材施教，而且可以同时教地球上的每一个人学围棋。这相当于每个人都可以跟着顶级的名师学习。

这个名师，在元宇宙中就是一个数字人。

人们学习的过程被记录下来，成为后人学习的模板。如此往复，人类自身技能提高的速度将远超以往，那么在和数字人的进化竞赛中，人类不一定落于下风。

## 科普元宇宙

元宇宙用在科普上，可能没有更合适的了。从九天之远到五洋之深，从三皇五帝到民族复兴，从生命起源到基因编辑，统统都可以在元宇宙中"重现"。

元宇宙不仅可以展示科学的现象，还可以更直观地揭示蕴含的规律。更重要的是，元宇宙既可以让孩子们得到实际操练，如到地心岩浆走一遭、到太阳系边缘看一看；又可以让家长放心，孩子在整个操练过程中没有任何危险。

过去，理解月全食、月环食全凭想象，在脑海中模拟地球、月亮、太阳的运行轨道。现在，在元宇宙中这些就非常简单了，孩子们甚至可以亲手推动地球和月球的旋转，制造月全食、月环食。

## 艺术元宇宙

艺术之于元宇宙的重要性，无论怎样估计都不过分。可以断言，元宇宙就是艺术的元宇宙，没有艺术就不会有元宇宙。

在想象力环节，艺术和元宇宙完全是相通的。没有想象力就不会有艺术，没有想象力同样不会有元宇宙。NFT只是元宇宙中艺术确权的一种形式，元宇宙中的艺术无处不在。

元宇宙给了艺术前所未有的表现形式。物理世界中，尽管艺术家巧夺天工，但创作仍受物理条件的限制；元宇宙中，艺术家可以摆脱所有物理法则，尽情享受思想展现。元宇宙超越了之前所有的艺术载体。

元宇宙赋予艺术前所未有的产业空间。元宇宙中，设计即生产，作品即商品。更进一步，元宇宙的设计，通过3D打印等柔性生产技术，可以迅速在物理世界投产，形成虚实联动的创作链条。所有与消费有关的行业，其价值中枢毫无疑问地向设计环节迁移，决定消费品成败的唯一因素是设计所体现的思想、观念能否为大众接受。

元宇宙将是设计驱动的元宇宙，造梦师将成为令年轻人趋之若鹜的新岗位。成为造梦师，是元宇宙带给设计师的最大机会。

## 城市元宇宙

从智慧城市到数字城市，到数字孪生城市，再到城市元宇宙，看似眼花缭乱，实则是数字技术在城市建设、管理方面的应用日益深化。

在城市元宇宙建设中，不得不提韩国首尔。2021年9月15日—17日，首尔市政厅举行有关公共安全的元宇宙活动。2021年11月，首尔市政府宣布，将打造"元宇宙平台"，向市民提供公共服务。其具体举措包括：到2023年，建成"元宇宙120中心"，处理首尔目前运营中的商业服务和咨询；建成"元宇宙市长室"，确保民意听取渠道多样化，提高沟通效率；建成"元宇宙智能工作平台"，弱化时空对市政工作的限制，由数字公务员为市民提供更专业、高效和智能的服务；建成"元宇宙虚拟观光特区"，首尔的各大旅游景点（如光华门广场、德寿宫等）均被数字孪生，打造"元宇宙观光首尔"，此外，推动首尔博物馆、美术馆等景点的虚拟旅游，不断提升城市吸引力。

## 医疗元宇宙

元宇宙在医疗领域的应用空间广阔。

在手术中，躲避穿越错综复杂的人体结构定位病灶是一大难关，如果在术前有一个逼真的模拟教学，或在术中有精确地引导，那就能大大提高手术的成功率。利用360°XR（扩展现实）可视化技术，患者和外科医生可以获得沉浸式由内而外的解剖结构视图，能够看到肉眼看不见的位置。这样，从患者参与、手术计划、医生跨学科合作到进入手术室手术，元宇宙对患者的整个就医过程提供了帮助。

## 体育元宇宙

在刚刚过去的北京冬奥会上，我国健儿取得了历史性的突破。在这骄人成绩背后，元宇宙相关技术功不可没。

例如，钢架雪山训练系统1:1还原国家雪车雪橇中心的赛道模型，运动员可以在短时间内增加训练次数、提高对赛道的熟悉度，从而形成肌肉记忆。再如，在雪车训练系统中，运动员的各项数据能实时反馈到监控平台，教练员可以根据些数据对运动员的发力时间、大小进行评判，从而为运动员制定具有针对性的训练方案。

健身环大冒险是一款健身和游戏结合得相对完美的产品。玩家手持健身环，做一些根据其健身需求（减肥或塑形）自动设计的动作，再根据这些动作匹配有趣、冒险的游戏场景。这样，健身和游戏充分地结合在一起。

健身器材中使用最多的是跑步机。如果健身者头戴VR眼镜，在自家的室内跑步机上，也可以根据其跑步的速度、坡度匹配不同的环境（如森林、海边等）体验，甚至加入社交元素，实现与其在公园跑步同样的效果。

## 旅游元宇宙

对于旅游元宇宙而言，如果只是简单地把物理世界中的著名景点搬迁到数字世界，建立精致的三维模型，那是远远不够的。

元宇宙一定是人的元宇宙，旅游元宇宙的核心一定是要给游客带来超乎寻常的体验。更重要的是，数字世界中的游玩项目和物理世界中的景点应高度协同，这才是旅游元宇宙发展的方向。旅游的意义不只在于看到不一样的风景，更在于体验不一样的生活。从日复一日的生活中抽离，到陌生的环境中感受不一样的人生，才是旅游的意义所在。

从"剧本杀"中可以隐约看到旅游元宇宙的未来。玩家穿越到某个场景，设定身份角色，完成指定任务，完成任务的过程面临重重挑战。

现实中的旅游景点在旅游元宇宙中将变成游戏的现场版。去某地旅游是游戏提前设定的任务，游戏的场景和现实的景点，既有相似性，又有延续性。未来的旅游，一定是打破数字世界和物理世界边界的，在物理世界中继续游戏，在游戏中到达物理世界。

## 消费元宇宙

像京东、淘宝这类零售电商还会在元宇宙中存在吗？零售永远存在，但平面互联网时代崛起的电商企业未必能在元宇宙中持续辉煌。

在元宇宙中，销售的核心能力在于构建引人入胜的"场景"，与场景贴合的商品才能有销售额。

元宇宙中的商品，可以粗略地划分为两类：一类是纯粹的数字商品，尽管这些数字商品可以和实物结合，但更多情况下数字商品的消费是在元宇宙中完成的；另一类是实物商品，虽然在元宇宙中销售，但需要物理世界的物流配送，消费过程也在物理世界中完成。在元宇宙中，无论哪种商品都获得了前所未有的展现形式，那就是立体空间中充满商品。

电影《黑客帝国》中的一个镜头，男女主角进入"Matrix"（母体）的数字世界时手中空无一物，在说了一句我们需要"枪"后，面前瞬间出现一望无际的货架，摆满了各式各样的武器，任其挑选。

在元宇宙的空间中，商家可以根据需要"陈列"任何商品。哪些商品上架是最考验商家的问题，答案是随需而变、因地制宜。

谁会成为元宇宙的零售巨头？有两类企业有巨大的潜力：一类是游戏厂商，游戏公司具有无与伦比的场景构建能力和刺激购买的能力，目前游戏中植入商品已司空见惯，但这不足以使它们成为零售巨头，只有构建出人们经常光顾的"场景"时零售巨头的轮廓才会逐渐清晰；另一类是虚拟地产商，即运营元宇宙空间的企业，毕竟任何场景都需要"空间"载体，虚拟地产商与传统地产商有本质的差别，虚拟地产商有元宇宙基础设施建设的实际能力。

谁能成为元宇宙的零售巨头，目前还没有答案，相信在不久的将来，必将浮出水面。

本文节选自赵国栋即将出版的《元宇宙（第二版）》，文字有删改。

# 元宇宙公开课：事先张扬的关系再造价值

文 | 刘勇　北京星立方科技发展股份有限公司副总经理

如果可以用元宇宙教育的方式来组织一次公开课，展示元宇宙对于创新技术、商业模式、产业赋能及社会生活产生的影响，也许是有趣的一次学习和尝试。

## 教育 VS 学习：元宇宙去中心化自我表达

流行的描述来自长期从事教育信息化的朋友，那是一种非常有画面感的畅想，并且与现实的技术热点和商业模式紧密相连：

在教学人体结构的几节课后，是时候进行体验活动了。三名学生在老师的帮助下戴上 VR 眼镜和手套，并稍做调整。班上的其他同学通过教室一侧的显示器共享了三名学生用 VR 眼镜看到的场景：走进人类身体的我们如同 100 年前的格列佛在巨人的身体内，蓬勃的心脏就漂浮在面前，慢慢地收放以带动血液奔向身体各处。学生们很兴奋，开始敦促三名学生尝试着触摸弯弯曲曲的血管。透过手套，三名学生感受到血液流动的力量。学生们通过显示器看到了迷宫一样的血管，对其充满了向往。

这难道是元宇宙的公开课吗？

这不就是老师换了个新教具，将图文的教材变成更富魅力的表达？老师、教案及教室，场景并没有不同，这还是一堂由老师主导的中心化组织模式的生物课，这还是知识的单向传递。

也许回到一个基本点来拆解这堂公开课的基本任务会更清晰：我们关注的是教育还是学习？"唯一妨碍我学习的，是我的教育。"马克·吐温一语点破教育和学习之间的玄机。

教育和学习是与知识获取有关的、不同的两个词语。

什么是教育？教育是通过接受或给予系统指导来获得知识的过程。正规的教育是在结构化的环境中进行的：在一间教室里，多名学生在一名经过认证和培训的教师的指导下接受教育。教育是社会进步的必要因素，在大多数国家，一定年龄段的教育都是义务的。教育也被视为人的一项基本权利。

什么是学习？学习可以定义为获得知识、行为、技能、价值观或偏好。学习可以通过教育、个人发展、学校教育、培训或经验来实现，它可以有意无意地发生，且不局限于某个年龄或时期，我们一生都在学习。学习不是倾听和接受所教的东西，而是理解和体验它们。

|  | 教育 | 学习 |
| --- | --- | --- |
| 定义 | 教育是通过接受或给予系统指导来获得知识的过程，特别是在正式的场合。 | 学习是获得知识、行为、技能、价值观或偏好，它可以有意无意地发生。 |
| 知识 | 在教育中，知识是通过教师或教科书获得的。 | 在学习中，知识是通过各种途径获得的。 |
| 指导 | 教育经常在教育者的指导下进行的。 | 学习可以不需要教育者或指导。 |
| 动机 | 教育是由外在动机推动的。 | 学习是由内在动机推动的。 |
| 过程 | 教育是一个系统的过程。 | 学习不是一个系统的过程。 |
| 年龄 | 义务教育有一定的年龄段。 | 学习不受年龄的限制。 |

教育和学习的区别

马克·吐温会如何看待元宇宙？他最喜欢的也许是这些：

第一，元宇宙是物理和数字化在许多领域重叠的特点，"融合"真实与虚拟世界所带来的丰富沉浸感。

这样，教育和学习就不再相互妨碍，而变成相互成就。元宇宙旨在以多种方式模拟现实生活，因此教育和学习的内容科目因相互重叠而以类似的方式相互影响。这种形式的沉浸式融合，为教师打开了新的大门，可以帮助学生看到学科之间的联系。这种联系往往包含在课程中，学生在学习的过程中可以选择不同的角度和重点，反向推动老师更有针对性地参与学生的学习过程。

第二，元宇宙由相互连接的人们的互动关系驱动，最终使得分散的元宇宙相互连接，带来更多个性化学习的机会。

无论在元宇宙的哪个位置，人们的互动关系都会被延续并应用于所有其他宇宙，这种新型关系在统一性和差异性方面都得到最大程度的平衡。所有用户在元宇宙针对内容进行交互：可能有一块"土地"专门用于生物宇宙（biology universe）中的人体；另一块"土地"可能关于雅典的历史，是历史宇宙（history universe）的一部分；再一片"土地"可能关于内燃机工作，是作为工程宇宙（engineering universe）的一部分……

第三，可以从任何地方访问元宇宙，这为专家和教育工作者提供了新的机会，可以将他们的专业知识和洞察力添加于这些宇宙的设计和内容中。

对于更喜欢基于发现学习体验的学生来说，虚拟现实或增强现实的世界有更多的好处——他们能在安全的环境中以自己的速度学习和实验，但仍有老师、客座虚拟专家或人工智能化身的监督和指导；他们可以潜在地使用元宇宙的相同技术，创建自己的宇宙，共同努力来展示所学到的东西。

经济学家朱嘉明教授在谈到元宇宙的应用时曾表示，元宇宙应用最大的潜在领域是教育。过去，学习是为了创造；现在，学习过程本身就是创造。元宇宙可以打破教育的时间和空间边界，实现传统教育模式的升级和教学资源的平衡，最终让终生学习、跨学科学习、循环学习及人机互相学习成为可能。

科技进步的速度正在超越教育体系的演变速度，新知识和新技术的诞生、扩散与消亡周期正加速变短。梳理和分析教育与学习的关系，在本质差别下形成新的关系价值，元宇宙的巨大意念冲击做出了巨大贡献——去中心化，让教育与学习的关系融合成就价值。

元宇宙是一个发展中的概念，去中心化是元宇宙的核心——关系再造价值的原点，自然也将是一个发展的过程——不被某家科技巨头公司所控制。真正的元宇宙最终需要实现跨链互通、身份互认、价值共享，它不属于任何一家科技巨头，而是属于每一个人。

Roblox公司的CEO戴夫·巴斯祖克提出了元宇宙的八个元素：身份、朋友、沉浸感、低延迟、多元化、随时随地、经济系统和文明。所以，元宇宙可以解释为在数字世界里可拓展的空间，包括对虚拟现实、增强现实、区块链、云计算、数字孪生、数字货币、人工智能、大数据等技术及概念的整合，其方向是更真实、更高效、更自由、更多元。

同时，元宇宙的出现是现实中存在的某种诉求表达——挑战现实世界的中心化互联网。对于互联网的中心化控制，人们痛斥大数据杀熟、算法陷阱、信息茧房、滥用用户数据。元宇宙分布式数据存储，将从技术层面实现数字资产私有化，将以可视化的方式打通虚拟与现实的资产链接，进一步强化平行宇宙与现实世界的个人数据产权。

**教育与学习的关系在互联网时代发生的巨大关系融合正不断产生价值，不止在商业价值层面，更多的是社会价值创新的意义。**

如何从教育哲学的角度思考元宇宙？其最突出的赋能优势是为教师与学生创设了一种沉浸式的教学互动场域。教育元宇宙的场域突破了物理世界的局限，通过网络教学空间营造了一个新的虚拟教育世界，使得教师和学生可以在物理世界和虚拟世界同时获得现实和虚拟教学需求的满足。这两者在本质上是相互影响、相互联系、共同发展的。

知识付费经过一系列的嬗变，开始和在线教育产生交融。如今，用户既愿意为优质的学习产品、教育产品线上买单，也看中学习过程、体验和效果。因此，内容生产方对线上测评、考试、打卡等为学习效果提供服务的工具也有强烈的需求，这让应用场景丰富的元宇宙又有了用武之地。

去中心化的底层逻辑让教育有了新的宇宙发展机会，DAO (Decentralized Autonomous Organization) 即去中心化组织，作为一种基于区块链核心思想理念的全新的人类组织协同方式，能将组织的运作交由去中心化的区块链网络来执行，不仅拓展学生个人学习的空间，并协助教育者进行更高效的教学管理。

DAO 模式下，学生可以根据自己的真实需求选择线上课程，而不受制于平台或机构；学生还可以通过区块链的一个个节点获取更丰富的课程资源。通过 DAO 教学评价系统，学习者可以根据一定标准，在系统中对课程、教学资源、教师进行评价，学生之间也可以进行互评。以上信息都能通过区块链技术进行验证，从而减少信息存储成本，提高教学管理效率。

2016 年 10 月，国家工信部颁布的《中国区块链技术和应用发展白皮书》指出："区块链系统的透明化、数据不可篡改等特征，完全适用于学生征信管理、升学就业、学术、资质证明、产学合作等方面，对教育就业的健康发展具有重要的价值。"

具体价值主要体现在以下方面：

第一，建立个体学信大数据。区块链技术可以用分布式学习机跨平台地记录学习行为和学习结果，并永久保存，形成个体学信大数据。这有助于解决当前教育领域存在的信用体系缺失和教育就业中存在的学校与企业相脱离等实际问题。例如，校园招聘或用人单位招聘时，通过合法渠道合理获取学生学习的证据和数据，有利于精确评估人力资源和岗位职责的匹配度，有助于实现学生技能与社会用人需求无缝衔接。

第二，构建安全、高效、可信的开放教育资源新生态。开放教育资源蓬勃发展，为全世界的教育者和受教育者提供了大量免费、开放的数字资源，但同时也面临版权保护弱、运营成本高、资源共享难等问题。区块链技术可以通过嵌入智能合约完成知识产权的契约和存证，构建知识智能交易系统，使得各种服务的购买、使用、支付等工作全部由系统自动完成，无须人工操作，同时购买记录无法篡改、真实有效，所有的交易和合约数据都被永久保存，实现资源与服务的全天候自动交易。

第三，实现网络学习社区的真正"自组织"运行。区块链与在线社区结合，可以保护社区成员智力成果，生成观点净化网络，如净化社区生态环境、实现社区成员信誉度认证。通过以上方式，区块链技术可以优化和重塑网络学习社区生态，以提供在线学业辅导和工具下载等服务，如一对一在线辅导、知识点精讲微课、难点习题讲授等，所有资源和服务均可依据学习者的个性需求实现自主消费。

**关系再造价值，元宇宙改变教育和学习的关系，让去中心化的底层逻辑充分释放价值的可能性，真实地改变即将出现。**

流行游戏 Roblox 于 2021 年 11 月宣布设立一项 1 000 万美元的基金，以鼓励创作者在 Roblox 世界中建立在线学习体验。用户可以创建自己的游戏和世界，也可参与其他人设计的游戏和世界。

在 Spatial Metaverse 空间元宇宙中，一位澳大利亚教师为高中生创建了一个教育元宇宙。到目前为止，他的教育元宇宙有 14 个世界，包括学生可以从虚拟潜水器探索大堡礁的"Nautius"世界、学生可以看到达·芬奇的发明实际移动和工作的"达·芬奇部队画廊"。

在优势国际教育即将推出的 JOYMUSEUM 教育元宇宙，充满由博物馆等教育机构创造的体验。展品将为学生提供来自中国乃至世界各地不同学科（历史、科学和艺术等）的各种内容，让通识教育以全新的互动模式与学习者进行互动。

元宇宙在高等教育领域的应用也逐步显现。全球顶级 AI 学术会议之一——ACAI，把 2020 年的研讨会放在任天堂的《动物森友会》上举行；中国传媒大学为了不让学生因疫情错过毕业典礼，在沙盘游戏《我的世界》中重建了校园，学生可以化身为游戏人物形象齐聚一堂，完成毕业仪式……

## 现实与虚拟：超越数字孪生，以及人工智能和机器学习

在元宇宙世界里，所营造的虚实结合的数字化学习场景及高度交互性的学习方式，将很大程度地激发学生对获取知识的热情。例如，你可以穿越到历史书中提到的任何一个时刻里，见证那个时候、那个场景里发生的事情，了解历史事件的来龙去脉。

也就是说，原先纸质教材中静态的内容，将会升级为 3D 图片、动画、音视频等，从视、听、触的角度强化你的认知。此外，互动化还能允许你动手操作昂贵的实验器材，如果是医学生，那么不用在现实生活中就能够亲历一场惊心动魄的手术。

北京市海淀区教育科学研究院院长吴颖惠表示，未来高度仿真的人机互动式学习、陪伴式学习可能成为教育方式变革的一个重要方向。在现有班级制教学管理体系下，学生存在较明显的个体差异，元宇宙教育允许定制化、个性化个人学习空间，并提供适应每个学生心理特点、思维习惯的元宇宙学习成长方案，真正做到"因材施教"。

聚合多元技术形态，形成虚实融合的沉浸式视觉在线课程新形态，让教育和学习慢慢靠近，这个过程是美好的，同时也是神奇的。

| 技术 | 特点 |
| --- | --- |
| 区块链技术 | 保障元宇宙用户虚拟资产、虚拟身份安全，保障元宇宙中的交易公平、透明，是元宇宙去中心化经济形态的基础。 |
| 电子游戏技术 | 得益于计算机硬件性能的飞速提升，3D游戏的建模技术及游戏引擎的更新，为元宇宙呈现精彩绝伦的虚拟视觉体验提供基础条件。 |
| 交互技术 | 虚拟现实技术（VR）和增强现实技术（AR）的头戴式显示设备，可能是最先被使用的元宇宙接入和交互设备；不依赖头戴式显示设备的全息影像技术，甚至更科幻的直接连接人脑的脑机技术，都在研发中。 |
| 人工智能技术 | 元宇宙将消除用户之间、用户和系统之间的语言识别和文字识别障碍，机器学习和计算机视觉也属于AI技术的范畴，这些将极大地影响元宇宙的运行效率和虚拟角色的智慧化程度。 |
| 网络通信和云计算技术 | 5G、6G及将来更先进的低延迟、高速度、规模化的互联网接入技术，支撑起大用户量的并行网络访问，同时做到极低的延迟；元宇宙终端的轻量化，云计算配合高效稳定可靠的未来互联网，是最佳的解决方案。 |
| 物联网技术 | 高效能的网络服务是一切的基础，通过各种各样先进的传感器，将赋予元宇宙中的事物以真实的物理属性，如可以感受到水的温度、空气的湿度、让虚拟角色的接触产生真实的触感等，以达到真正的沉浸式体验。 |

元宇宙六大基础技术

但教育元宇宙中的虚拟世界，并不是对物理世界的简单复制，也不是物理世界的"平行宇宙"，而是对物理世界的一种再开发。它所具有的媒体赋能特点可以补充物理世界的缺憾，甚至在某些维度超越物理世界的限制，形成一种特殊的教育元宇宙场域，赋能教育元宇宙发挥整体的场域效应。

回到公开课，从体验的主体参与程度看，元宇宙课程的类型大致有三种。

| 类型 | 形式 | 特点 |
| --- | --- | --- |
| 基于传统教育模式的课程 | 学习者通过"漫游"的形式进行体验学习。课程以电脑、平板或智能手机等显示设备为终端，既可以是平面显示形式，也可以是加入增强现实或增强虚拟设备后的立体显示形式，即对课程内容的精细解剖，将学习对象进行案例具象，通过旋转、缩放、拆分等具体操作或情境化展示，探寻概念的内在逻辑。 | 课程内容、学习路径、交互方式等由教师预先设定，学习者以有限的操作权限和有限的沉浸感知开展学习。 |
| 基于学习者视角的课程 | 学习者通过"沉浸"形式进行体验学习。学习方式以可穿戴虚拟现实设备为基础，学习者的感官沉浸程度与穿戴设备的丰富度、契合度有关。 | 课程虽经过预先设定，但学习者有更多的操作自主权，课程架构可以灵活组合，学习者既可在原有课程设定序列中学习，也可个性化订制场景序列组合，还可加入自制场景进行课程再造；在丰富的知识库中用自己的方式实现学习的目标。随着学习者感官真实反馈程度的加深，课程也将逐渐升级和丰富。 |
| 去中心化视角的课程 | 学习者以"第二人生"的超越方式，通过"数字化生存"的形式进行体验学习。 | 课程以计算能力飞跃发展为基础，以脑机接口技术为依托，以神经传输的可连接、可计算和可解释的实现为里程碑，让学习者完全"生存"其中，虚实融合场景具有理解智能，能够根据学习者的思想变化而动态建模，实现课程升级的共同塑造，把教与学留下的数据进行深度挖掘与分析，以动态反馈于课程资源的优化更新，真正实现"所思即所得"。 |

元宇宙课程类型

元宇宙打开了一个通道，教师和学生以数字身份参与课堂，在虚拟教学场所进行互动。元宇宙课堂下，VR设备的引入能够充分重塑教学内容的展现形式，让学生"沉浸"在知识中。此外，虚拟空间的可塑性也催生了如虚拟实验室、虚拟集会等场景，将元宇宙从课堂延伸至课后活动。

以AR/VR为技术底座的虚拟教学空间已在实际教学活动中得到初步运用。例如，美国游戏公司Roblox创立了一项约1 000万美元资金的项目，专门用于打造3D多人互动式教学空间，赋能高等院校及职业教育的在线教学领域。

在物理、化学、生物等操作难度系数高、实验设备昂贵的行业领域，元宇宙的落地显得尤为迫切。应用元宇宙通过构建拟真教学环境，催生虚拟备课、虚拟授课、虚拟考试等教育教学新方法，给这些学科带来更大的想象空间。

## 《玩学世界》

一个基于3D虚拟世界的成长陪伴平台，旨在打造成中国最大的"创作—内容—社交—成长"平台与3D创意社区，建立3D元宇宙生态。

1. "学玩比"即学和玩的时间分配，以平衡孩子学和玩的时间分配投放教育内容与游戏内容的比例。平台由教学区、专题区、竞技区、家园区四大分区组成，各区域通过设置不同的"学玩比"满足不同的教育需求。
2. 支持定制教学场景的沉浸式直播课堂，老师和学生以3D卡通形象进入联机房间，在定制的教学课件场景中完成教学目标。课堂基于学习、练习、闯关等教学模式，配合生动有趣的动画和机制，师生随时互动，学生能得到即时反馈。
3. 学生在3D沉浸式直播课堂中学习丰富的编程相关知识后，能够利用所学知识在家园区进行"校园还原""地标建筑复刻""建筑DIY""开发自己的新游戏"等多种创造活动。目前，家园区已有超过23万名作者上传了自己的创意作品。

## Invact Metaversity

为全球学生提供沉浸式学习体验。通过名为Metaversity的虚拟沉浸式平台进行就业能力培训——为每个人提供高质量和沉浸式的社交学习体验。无论学生身在何处，都能以负担得起的价格购买课程服务。

1. Invact Metaversity提供为期16周的MBA课程，价格为20万卢比。第一批60名学员于2022年5月12日开始沉浸式远程MBA课程。
2. 课程结束后，学生可以通过Invact Metaversity的内部招聘合作伙伴获得战略、营销、销售、金融及其他岗位的工作机会。
3. Invact Metaversity希望基于平台倡导日益重要的虚拟生活及数字身份的非凡意义。

案例分析

如果说，口耳相传的传统教学模式是一维的，多媒体课堂是二维的，那么，元宇宙利用VR和3D互动打造的沉浸式课堂则颠覆了教学活动的感知形式，将课堂带入多维层面。3D互动是增强现实感的另一个要素。小组讨论和课堂观点分享的学习模式在教育中不可或缺，因为这有利于通过探究和思考加深对知识点的把握。

在元宇宙学习空间中，更有趣的是技术让人、物、过去人（虚拟人）和人工智能引擎所产生的行为和完整人格体验都变成学习资源。

超越数字孪生，学生将拥有虚拟身份，并支持在同一虚拟空间完成多人3D互动及协作；物联网信息流产生的大数据同样形成新的知识库，而基于过去人们的经验和智慧也以虚拟人出现，其明显的个性特征和传奇性让教育和学习更丰富多彩；最让人感到神奇的是机器学习参与其中——人工智能引擎所产生的行为和完整人格体验，让元宇宙的教育和学习成为以技术为关系再造价值的最大贡献。

关系再造价值，元宇宙的教育和学习复合型关系，让教育的多样性和学习的自主性多了很多选择，同时也给技术的赋能，让整个生态蓬勃而生，前所未有的数据和价值在人、物、人工智能等之间流动，从而衍生全新的商业模式和产业形态，进入新的开放状态。

## Gather.town

具备教学功能的元宇宙平台，学生能自主创作虚拟形象参与教学活动。为满足不同教学活动的需求，Gather.town提供多种虚拟教学场景，如课堂空间、项目空间、自由空间、出席空间等。

1.平台能够根据用户的需求布置教学场景。教师可根据教学需要，自由选择场景道具并任意摆放，如用花盆、桌椅等装饰道具满足虚拟教学场景的空间设计。
2.平台支持将电视、电脑、投影仪、游戏机等链接地址嵌入虚拟场景，且支持播放功能。学生靠近某个被嵌入链接的图标时，即可打开观看。
3.虚拟课堂空间可以实现教师授课型的单音频声音传播和讨论发言型的多音频声音传播，支持多种授课形式。
4.平台支持各类虚拟交互活动，休息空间能为学生提供与其他组员或同学互动交流的机会，如学生可以自主创建并共享地图，角色在彼此靠近时将自动弹开视频画面进行可视对话。学生还可以通过独自玩游戏或与他人一起玩游戏来缓解学习疲劳。

案例分析

## 游戏与学习：用"玩心"重塑元宇宙体验

著名未来学家简·麦戈尼格尔（Jane McGonigal）在《游戏改变世界》一书中指出，游戏的四大决定性元素是目标、规则、反馈、参与。正是这些游戏元素的综合运用才让游戏魅力四射，吸引人的注意力，甚至令人上瘾着迷。

华盛顿大学心理学、脑科学教授亨利·罗迪格和马克·麦克丹尼尔说，当学习变得积极而努力的时候，大脑就更容易形成新的连接。他们还发现，当学生被迫解决问题时会学到更多，犯错误和改正错误也可以提高技能的保留率。

2022年1月18日，微软宣布将收购动视暴雪，交易总价高达687亿美元。动视暴雪是一家开发了《魔兽系列》《暗黑破坏神》《使命召唤》等大热游戏IP的知名游戏厂商。从游戏行业的视角看，这项收购刷新了收购金额的纪录，被认为是微软进军元宇宙的重要布局。

2022年1月6日，韩国汽车制造企业现代汽车宣布与Unity签署合作备忘录，双方将共同构建元宇宙数字虚拟工厂，并构建全新元宇宙发展路线图和平台。双方将共同设计元宇宙工厂Meta-Factory，如果一切顺利，现代汽车将成为全球第一家将元宇宙工厂概念引入汽车制造行业的车企。

带着过去的"眼镜"，或许这些只是一次常规事件；换成未来的眼界，或许这是一次产业发展中的断点时刻。游戏，不再是传统意义上的游戏，游戏与传统产业、工业互联网并非互不相容——微软对动视暴雪的收购，展示了这家科技巨头对新一轮产业变革的前瞻性判断。

人类从来没有像现在这样面对一个长期的、不间断的、可视化的元宇宙来实现教育和学习的融合成就。知识如浩瀚的星空一样闪亮，充满着魅惑的光亮让渴望升级，但脆弱的人类心理也会因广袤和深邃在欲望和恐惧之间迷乱。

国开放大学发布《2019年创新教学法》，"游戏化学习"成为十大创新教学趋势之一。游戏化学习是一种具有创造性的非正式教学方法，通过游戏学习可以激发创造力、想象力和愉悦感，游戏化学习侧重于过程而不是结果，允许学习者自由地探索问题。

2021年，美国教育行业50%的初创公司计划将游戏化学习纳入发展战略。游戏化指的是为创造用户黏性而应用游戏玩法原则的一种方案。在教育行业，游戏化是指通过在教学中融入游戏元素（如得分、竞争、团队合作等）的方式为相对枯燥的学习过程注入乐趣和激情。

将游戏与学习结合的模式有利于重塑学习体验。课后练习与游戏结合，增加了学习和练习的趣味；以闯关的模式层层深入知识点，即时反馈的奖励机制将充分调动学习者的"玩心"；借助元宇宙的可创新性重塑"校园"体验，如设立虚拟活动室供学生开展社团活动、设立虚拟图书室提供阅读空间等。

游戏是一个闭环，具有反馈式互动性的实时环境。正是这种特性，为我们当今的很多人机协同智能、大规模多智能体等问题，提供了非常有效的验证场景。在游戏环境中，学习者可以像玩家一样实时感知、分析、推理、决策和行动，但又与物理世界存在一定的隔离，从而使得游戏场景可以在不伤害学习者的情况下执行危险的模拟。

《产品游戏化》一书认为，成功的游戏都有共同的特征："快乐的本质在于培养技能，在头脑风暴中增进技能，朝着一个方向努力，精通技能，最终达成目标。"这种感觉与教育存在一定的关联性。传统教育缺乏吸引力，玩家很难收获动机，无法得到及时反馈，也没有清晰稳定的目标，所以在教育游戏化的探索中，适当反馈、清晰目标、及时奖励存在一定的必要性。

何为游戏化？把游戏中新颖有趣、吸引力强的内容，通过合理的调整运用在现实世界或生产活动中，做到"以人为本的设计"（Human-Focused Design），即相关设计在追求优化系统功能效率的同时优先尊重并满足人类的心理动机与需求。

游戏化，自然是取游戏之优势、补教育之劣势。学习是人类的天性，之所以"痛苦"是违背了教育规律和成长规律，那么教育体系激励机制和运行机制就还有巨大的提升空间。解决"技术在场"掩盖学习规避、技术误用致使价值湮没、交互迷失导致情感缺失，以及"技术集置"产生教学异化等所有问题，在交互、情感、质量、主动性等方面，游戏化让学习者成为积极的参与者而不是被动的接受者，使得教育具有沉浸感和实践性。

随着技术的革新，未来社会对于技能的需求正在迅速地、不断地发生着变化。为了跟上时代的步伐，元宇宙创造的可能性，让鼓励个人发展的一系列技术和与生俱来的人类技能成为可能。例如，同理心、批判性思维，将创造、分析和数字技能结合起来的能力，这也意味着培养全方位的技能，从创新能力到未来劳动力所需的复杂认知能力。

元宇宙让所有这些都变得更加可行。教学的灵活化、在线化和终身化，是未来教育和学习的新常态，增强人际互动以消弭时空阻碍是提高在线教学成效的关键。从某种意义上说，元宇宙空间的建造任务之一，就是打造大型的虚拟世界游戏场景。游戏引擎在跨行业应用中产生的价值不容忽视，汇聚多种前沿技术的游戏引擎已成为推动传统产业走向数实融合、构建数字孪生的重要工具。

| 特点 | 价值点 | 实践 |
| --- | --- | --- |
| 游戏化能够触发一些基本的而又至关重要的人类情感 | 成就感和兴奋感能为学习者带来愉悦与幸福 | 萌科科技 |
| 中途放弃学习的概率普遍降低 | 学生会倾向于完成其自认为有吸引力、有趣的课程 | 多邻国(Duolingo) |
| 更牢固地记忆所学到的知识点 | 认知及行为层面改变,有助于掌握特殊技能或提高掌握水平 | 编程学院(Codeacademy) |
| 学习过程及最终成果拥有自由度较高的把控能力 | 学生会倾向于完成其自认为有吸引力、有趣的课程 | 编程猫 |
| 为学习赋予有趣的元素,不必为犯错而感到不好意思 | 更大胆地试错,跳出书本和常规,开发创新思维 | 罗布乐思 |
| 突破线下链接障碍,创新数字化交互模式 | 促进学生间的沟通,也能增进学生间的团队协作 | 天琥教育 |

游戏化教育的价值

关系再造价值,元宇宙赋能教育和学习是一个升级的革命,改变了价值流动新型引擎更换。游戏化让一种新型关系在元宇宙里链接而成,必将带来全新的商业面貌和产业发展趋势。也许如同蒸汽机改变人类远行的速度、航天飞机扩大人类的视野,这一切都来自质朴而稚嫩的"玩心"。

虽然很多人说,元宇宙就像社会处于一个不断演变的状态之中,也可以说现在已经进入了元宇宙的原始社会发展阶段,但无法说某样东西就能代表元宇宙。因为元宇宙本身同样来自"玩心"。

如果只是回顾过去,想对元宇宙进行分析和判断,那一定是偏颇和无力的,因为元宇宙代表着未来。但是,通过教育和学习本身与元宇宙的完美结合,使我们清晰地看到,只要社会关系有了新的链接方式和介质,价值流动的方式和增长的速度与方向都会有让人惊喜的变化。

# 刘润论元宇宙产业

观点 | 刘润　商业顾问，互联网转型专家，润米咨询创始人兼董事长
文 | 编辑部

作为国内较早宣传元宇宙的先行者，刘润对中国元宇宙的发展有自己的看法。他始终强调："未来一定会有所改变。在改变的过程中，既有燃烧的火炬，也有发光的金矿，更有不眨眼的镰刀。在新世界，你又是谁？是举火的理想主义者，是淘金的冒险家，是镰刀下的韭菜，还是冷眼旁观者？"

# "元宇宙"译名有误

溯源元宇宙概念的历史和本源。

2021年,"元宇宙"概念骤然火遍全网。美国游戏公司 Roblox 成功上市,号称"元宇宙第一股"诞生;社交媒体巨头 Facebook 将公司名称改为 Meta,宣布"元宇宙"是今后的核心发展方向;我国的互联网公司也纷纷提出关于"元宇宙"的战略规划。2022年1月18日,微软宣布以687亿美元现金收购游戏巨头动视暴雪。微软CEO表示游戏在元宇宙的发展中"扮演了重要角色",动视暴雪CEO则宣称游戏"元宇宙化"是微软愿意收购的主因。"元宇宙"既刺激着人们的认知黑洞,也引发了人们对未来的畅想,一时间关于"元宇宙"的话题此起彼伏、热闹非凡,甚至就其是否为"乐土"或"毒品"引发激烈争论。

实际上,"元宇宙"并不是一个全新的概念。

1992年,美国科幻作家尼尔·斯蒂芬森在其小说《雪崩》中第一次提出"元宇宙"。斯蒂芬森是这样设想元宇宙的:"阿弘在一个由电脑生成的世界里:电脑将这片天地描绘在他的目镜上,将声音送入他的耳机中。用行话讲,这个虚构的空间叫作'元宇宙'。"

当戴上耳机和目镜、找到连接终端,人就能进入一个由电脑模拟、同现实世界平行的虚拟空间。人以虚拟化身(avatar)的方式生活在这个虚拟空间中,并进一步参与空间的建造。以大街为例,与现实世界一样,元宇宙的大街也需要建设,开发者可以构建自己的小街巷依附于主干道,可以建造小街巷的专属标志牌,甚至是现实中并不存在的东西,如高悬在半空中的巨型灯光展示。元宇宙中的大街与现实世界中的大街唯一的区别在于:它只是一份电脑绘图协议,并不真正存在,没有被真正赋予物质形态。质言之,《雪崩》里的元宇宙,就是一个在现实世界并不存在但又以某种方式虚拟存在的空间。从2022年回望,斯蒂芬森设想的元宇宙看上去并无特别新奇之处,但在30年前,斯蒂芬森分外精准地勾画了后来被用于电子游戏乃至军事领域的"虚拟现实""增强现实"与"混合现实"技术的发展方向,其精准度远远超过2012年人们对4G技术的构想。

在斯蒂芬森提出关于元宇宙的构想后,短短数年间,赛博空间(cyberspace)就发展成了一个全球热议的话题。尽管如今它早已冷却,但在20世纪末却炙手可热,关于赛博空间的讨论从媒体到学界此起彼伏、热闹非凡。当时,那个已深度互联的计算机"网络"被视作构建起了一个虚拟的"空间":屏幕背后看不见的"空间"里涌动着巨大的信息流,借助终端电脑、鼠标、键盘等"体外器官",人们进入其间。1999年,由沃卓斯基姐妹执导的科幻影片《黑客帝国》很传神地展示了当时人们对

赛博空间的想象——电脑屏幕上一串串绿色代码喷涌而出，人们通过它进入另一"空间"。随着电影流行，人们开始追问只有哲学家们才会思考的本体论问题："现实"有多真实？如果"现实"只是一个拟真的"矩阵"，我们该怎么办？

史学家尤瓦尔·赫拉利在其深富洞见的《人类简史》中提出：人类语言真正独特的功能，并不在于能够传达"真实"的信息，而是能够传达关于一些根本不存在的事物的信息，并且讲得煞有介事，"讨论虚构事物的能力"正是智人语言最独特的功能。经由语言进行虚构，可以说是使一群灵长类动物成为智人的定义性特征。智人的这个特征，不仅产生了形形色色的"神话""宗教"，而且产生了"形而上学"：当古希腊哲人追问宇宙的本原、追问一切存在之后的终极存在时，就诞生了形而上学。作为终极存在的努斯（Nus），超越万物，而又必须按照"逻各斯"（理性、语言）给予万物以秩序。将形而上学推上历史高峰的黑格尔在《逻辑学》中精心设计了精神（Geist）创造世界的宏伟蓝图。《逻辑学》是整个世界的结构。形而上学集中展示了人类按照自身的推测（speculation）构想创造出的世界。在这个意义上说，元宇宙首先出现在作为元物理学（meta-physics）的形而上学中。

当下的"元宇宙热"比哲学家们的推测构想，甚至比斯蒂芬森当年的科幻构想，多出一个关键元素：近十年不断加速发展的诸种技术对象。移动通信技术（5G乃至6G）、人工智能、云计算、穿戴设备（脑机接口）、区块链、虚拟现实引擎、光线追踪技术、数字孪生技术(制造720度全场景沉浸感)等技术对象，以彼此集成的方式，使得"元宇宙"一词里的"meta"获得其作为古希腊语词缀里的"超越"之意。换言之，这些技术对象正在使元宇宙成为超越现实的一种"超现实"。

"从这个角度来说，将 metaverse 译为'超宇宙'更贴切。因为 metaverse

不是关于宇宙的宇宙，不是'元初'的宇宙，而是超越现实的宇宙。"刘润进一步解释，元宇宙会使人误认为，这和宇宙诞生之初的"奇点"是同一个概念，是从物理学性质上对宇宙起源的探索。但是，"超宇宙"就很简洁明了，人们一下子就能理解，这是随着技术的发展在现实的宇宙外多出了一个虚拟的宇宙。虚拟宇宙"延展"或"超越"了现实的宇宙。

## 真正触摸到元宇宙，需要推开三道门

"其实没有一个人能确切知道，元宇宙究竟是什么样子。如果说谁知道，那我觉得这个人一定是太自信了。"刘润笑言。

人类对未来的一切设想，都只能基于既有的经验。所以，20世纪出现的很多预测，都千奇百怪。例如，当时有人预测人们可以在通话的同时看到对方，虽然这个大方向没有错，但是当时的人认为最终视频通话的形式类似投屏。这就是基于当时科技发展的理解。

尽管热流涌动，但人们更多的是倚赖诸种当下视角（技术、理念、意识形态……）来畅想元宇宙的未来，似乎未来总是会和当下构成一个连续性的图谱。我们可以看到：生活在柏拉图主义或黑格尔主义"元物理学"（形而上学）之"超现实"中的人们，无法想象20世纪末赛博空间之"超现实"，就如在5G移动网络中刷短视频的人们无法想象元宇宙之"超现实"。在这个意义上，刘润认为"元宇宙或许并不是离我们最近的未来，而是有史以来与人类历史和当下现实距离最远、鸿沟最深的那个断裂的未来"。

"未来的元宇宙是什么样子，现今没有一个人能真正给出答案。如果换个说法，我们究竟什么时候能真正进入元宇宙，倒是有自己的判断。我认为，人们真正触摸到元宇宙，需要推开三道门。"刘润把这三道门称为时间门、感官门和选择门。

"要真正进入元宇宙，首要的条件，显然是需要在这个宇宙待上足够多的时间。国际上甚至有人提出，元宇宙不应该是空间概念，而应该是一个时间概念。

对此，我的理解是：当我们在虚拟世界花的时间越来越多，直到超过现实世界时，才可以说我们可能进入了元宇宙。"

感官门，则和元宇宙的底层技术密切相关。当下的技术仅仅实现了部分感官（视觉、听觉）的虚拟化体验，至于触觉、嗅觉、味觉、温度感觉等还只能在现实中获得。然而，通过技术的指数级发展与迭代，元宇宙自我规划的愿景并不是海市蜃楼：它旨在使人的各种感官得到全方位的虚拟化，让人同其虚拟化身完全融为一体，从而产生强烈的临场感、沉浸性和交互性。在未来的元宇宙里，当你的虚拟化身捡起一块石头就能感受到石头的重量，伸手触摸虚拟女友的脸就能感受到肌肤的温暖……。由此可以谨慎地提出：经由未来（尚未到来）的诸种作为"体外器官"的技术对象，人的感知在现象学意义上将以当下无从想象的方式被深层次地重组。于是，在技术对象的加持下，元宇宙在某种意义上指向了超越"现实"的更高维度的"宇宙"：不仅仅只是"虚拟现实"，更可能成为某种"超级现实"。"真正想要生活在虚拟世界，需要视觉、听觉、触觉、嗅觉、味觉等各种感官体验。但从目前的技术看，还有难度。当前互联网的本质还是视和听，我们在视觉和听觉领域的技术发展得比较完善，至于触觉方面的相关技术也在不断发展，如有大量传感器的触觉手套等设备越来越给予我们相对真实的触觉体验，但在嗅觉、味觉方面的技术发展显然还有很长的路要走。只有人们真正征服这些感官需求，才能说我们真的进入了元宇宙的世界。"

对于选择门，在刘润看来更像是一个哲学问题。"你是选择真实世界，还是选择虚拟世界？如果真的有一天，可以像《黑客帝国》那样，甚至更进一步可以放弃真实世界的身体，彻底进入虚拟世界，那你会如何选择？也许，当有相当数量的人选择真正'移民'元宇宙时，我们才能说那是一个元宇宙的时代。"

刘润强调："如今，我们还在第一道门前徘徊，对门后的元宇宙真正是什么样，只能单纯地靠想象。相信我们越往前走，离元宇宙越近，就越会知道元宇宙到底是什么。"

## 真正进入元宇宙世界需要充分的准备

对元宇宙，刘润始终保持着一种客观冷静的态度。面对"元宇宙创业周期"的提问，他当场画出了一条起伏的曲线。

这是 Gartner 曲线，即新兴技术成熟度曲线，由总部设在美国的信息技术研究与咨询公司 Gartner 于 1995 年提出。Gartner 曲线描述的是一个创新的典型发展过程，解释了技术与市场、资本之间的关系。Gartner 曲线将一个创新描述为技术萌芽期、期望膨胀期、泡沫破裂谷底期、稳步爬升复苏期、生产成熟期五个阶段，解释了很多新技术的发展周期和历程。"简单说，一项新技术诞生时，会以最疯狂的速度攀升至顶端，随后迅速下滑坠至谷底，之后再缓慢平稳上升。用八个字来形容就是：大起大落、平稳发展。"

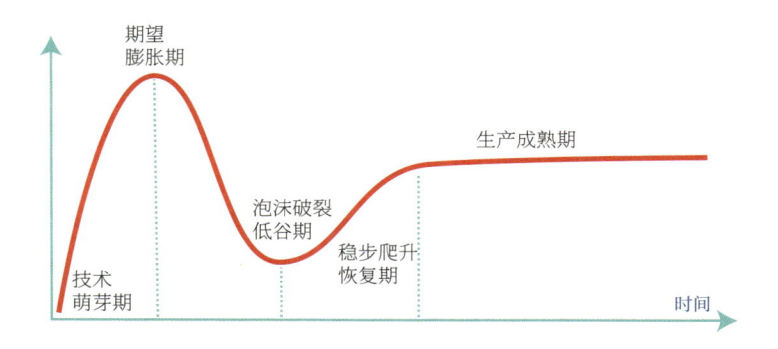

按照这个理论，每当一项新技术被发明，由于其特有的创新性，很容易引发大众的关注，进而对其寄予厚望，认为该技术能改变世界。随后，在这种预期下，伴着媒体和舆论的热议，技术在资本助推下一路上行形成泡沫。之后，当炒作价值大于实际价值时，市场崩盘，泡沫破灭，技术直接掉落到谷底，不再为大众所关注。但此刻，才是体现这项技术真正价格之时。通过从业者不懈地攻克难题、扩展应用层面，技术的成熟度大大提升，伴随市场的复苏技术再次回到大众的视野。这时，这项技术真正成熟，可以投入生产，更大规模地影响商业世界。

按照 Gartner 曲线，作为元宇宙底层技术的 Web3.0（下一代互联网，即建立在区块链基础上、去中心化的互联网）、NFT（非同质化通证/非同质化代币）、区块链、VR/AR/MR 等，还都是处于第一阶段，正在向第一次的峰顶攀登。之后，可能会与 3D 打印等技术一样，很快冷却，寂静几年后重现曙光。"等到有一天，我们真的懂科技、懂金融、懂法律、懂艺术，可能才是做好真正进入元宇宙世界的准备了。"

## 元宇宙需要一套自洽的经济学理论

并不是说现在整个技术还处于早期阶段就没有实际的产品出现。为了赶上这个潮流，业内几乎所有的巨头都摩拳擦掌、跃跃欲试，毕竟这是一个对资本市场最有故事性的概念。我们看看，拥抱元宇宙的先锋企业做了些什么。

### 1. Roblox

Roblox 被称为"元宇宙第一股"，它是一个成立于 2008 年的游戏公司，如今是全球最大的在线游戏创作平台。2022 年 3 月，Roblox 公司获得 5.2 亿美元融资，上市首日市值突破 400 亿美元。中国腾讯也参与了该公司的投资。Roblox 是第一个将"元宇宙"写进招股说明书的公司，它的上市在资本市场上掀起了元宇宙旋风。Roblox 的 CEO 戴夫·巴斯祖克提出元宇宙的八个元素：身份、朋友、沉浸感、低延迟、多元化、随时随地、经济系统和文明。

Roblox 提供了一个多人在线创作游戏的平台，其开发者超过 500 万，月活跃玩家超过 1 亿。用户在平台上可以创建游戏，也可以玩游戏。Roblox 还发布了两种虚拟货币——Robux 和 Tix。用户可以通过创建游戏和充值获得 Robux，但需要扣除部分税金。Tix 可通过每日登陆获得，并可将 Tix 转为 Robux，目前 Tix 已被移除。在平台上 Robux 作为一种虚拟货币可以正常交易。Roblox 很容易让人联想到区块链的公链，尤其是以太坊。以太坊是一个开源的公共区块链平台，用户可以在上面创建合约，也就是程序；同时，使用加密货币"Ether"进行交易。与区块链公链不同的是，Roblox 和元宇宙提供了更可视化的、更自由的、应用更广阔的虚拟场景。

早在 2003 年，林登实验室推出的游戏《第二人生》已有元宇宙的雏型。在这款游戏里，用户有自己的虚拟身份，能创建组织和商品，使用一种名为"林登"的货币进行各种交易。2006 年，"林登"币可以与美元互换，游戏用户规模迅速扩大，平台开始超发"林登"币。最终，"林登"币引发了剧烈的通货膨胀，摧毁了《第二人生》的虚拟世界。《第二人生》的应用场景非常真实、自由，这为 Roblox 在虚拟货币和可开发的应用场景方面提供了很好的解决方案。

### 2. 英伟达

2021 年 8 月，英伟达称在 4 月举办的 GPU 技术大会上人们看到的是"假黄仁勋"。我们当时通过视频看到：发布会现场是老黄的厨房，穿着标志性皮衣的老黄在介绍英伟达的新产品首款服务器 CPU——Grace；老黄还用了 14 秒时间宣传他的元宇宙虚拟现实世界。但谁都没想到，我们所看到的一切是假的。英伟达披露，从黄仁勋到厨房的各个细节，都是渲染出来的；当然，其间黄仁勋也有真人出镜，并不完全是假的。这个骗过所有人的视频足以让外界吃惊，也是英伟达的一次超级营销。英伟达趁机搭上元宇宙的班车，老黄说：我们正处在元宇宙的风口浪尖上。

英伟达是全球最大的显卡制造商，在元宇宙中的定位是提供底层技术，通过显卡、芯片、操作系统、虚拟现实、人工智能等软硬件技术，实现元宇宙的工业级应用场景。例如，英伟达研发的产品 Omniverse，是一款端到端的 3D 模拟生产及协作平台，被认为是元宇宙工业场景的初级平台。目前，已开始运用到宝马公司的全球工厂中，宝马公司可以通过 Omniverse 更真实地模拟生产流水线及整个工厂的运营，同时优化其生产网络，预计可以帮助宝马公司提高 30% 的生产效率。英伟达是将自己的技术与新开发的产品，用"元宇宙"的概念呈现出来。当然，英伟达提供了底层技术支持，拓展了元宇宙在工业应用场景的想象空间。

**3. 马克·扎克伯格**

马克·扎克伯格是互联网界拥抱元宇宙最积极的，他相信，元宇宙将成为移动互联网的接班人。2021 年 10 月，Facebook 官宣正式更名为 Meta。准确的理解是，成立了一个名为"Meta"的母公司并控股 Facebook。扎克伯格宣称，5 年后 Facebook 会成为一家元宇宙公司。扎克伯格押注元宇宙的热情让外界感到意外，他到底预见了什么？扎克伯格一直对虚拟现实技术有很大的热情，早在 2016 年 Facebook 就以 20 亿美元收购 Oculus，VR 业务的研发投入从每年 59 亿美元加码到现在的近 185 亿美元。

Facebook 虽然还没有做出可以触摸到的元宇宙产品或应用场景，但在元宇宙消费级应用场景的想象空间远超越 Roblox。Facebook 是全球最大的社交平台，用户月活量达到 29 亿。Facebook 可以提供一个全方位的元宇宙消费体验场景，而不仅仅是游戏和社交。正如扎克伯格在《创始人信》所说的：在元宇宙，你几乎可以做任何你想象的事情——与朋友和家人聚在一起，工作、学习、玩耍、购物、创作——以及完全不符合我们如今对电脑或手机的看法的全新体验。

除了英伟达、Facebook，还有一些企业也宣称加入元宇宙。微软宣布在他们的会议和视频通话软件中加入虚拟现实技术，提高企业视频会议的沉浸感，打造"企业版元宇宙"。苹果正在推出 VR 设备新品。腾讯、阿里、小米、网易均有所行动。从《第二人生》、Roblox 到英伟达、Facebook，元宇宙试图利用一切可能的技术打造一个还原现实世界、打通现实世界，但又不受现实世界规则束缚的自由虚拟世界——最终建立属于元宇宙的生态规则。为了还原现实，元宇宙打造沉浸式的体验空间，试图在数字世界里复制一个平行世界；为了打通现实，元宇宙试图将身份、社交、购物、娱乐、货币及资产投资，与现实世界匹配、挂钩与捆绑。

目前与元宇宙最匹配的应用场景是游戏和娱乐。例如，游戏平台《堡垒之夜》与美国饶舌歌手 Travis Scott 在游戏中举办虚拟演唱会，玩家可以跟随歌曲变换场地，炫酷的沉浸感吸引了 1 200 万名玩家参与。

元宇宙想要变成现实，不仅需要类似 Facebook 的领头羊，还需要大量个体的参与。要吸引大量个体的参与，就必须让这些参与者能通过元宇宙获取相应的回报。那么，元宇宙的基础，不应该只是技术，还应该有一套自洽的经济学理论。例如，在元宇宙，人们如何交易？如何保护个人财产的安全？元宇宙是否需要类似现实社会中的国家央行存在？元宇宙里的资产是否可以和现实世界兑换？元宇宙里的资产又如何影响现实世界货币汇率？

这些问题引出的关键问题是——元宇宙受谁监管？这要归结为人们最终如何看待元宇宙。

如果将 Roblox 与以太坊联系在一起，如果将 Meta 与虚拟货币 Libra 联系在一起，如果将 Omniverse 与大数据、人工智能联系在一起，那么就大致可以观察到，元宇宙从业者们到底想干什么。这种诉求用一个词来概括，就是自由。元宇宙，给这种自由的诉求——分布式的网络、去中心化的组织、自治的社区、加密的银行网络、可信任的人工智能、沉浸式的体验、不受限制的交流与畅想，提供了可以想象的空间与实现的场景——瞧，世界本来应该是这样的。反过来说，元宇宙试图以虚拟现实的方式挑战现实世界的中心化互联网及中心化人类权力结构。

对互联网的中心化控制，世界已发出了反抗的声音。大数据杀熟、算法陷阱、信息茧房、滥用用户数据、偷录和监控用户行为等，使得曾经的"屠龙少年"变成了如今人人喊打的"恶龙"。近些年，"恶龙"有被围殴的趋势，典型的案例就是 Facebook。Facebook 的创始人扎克伯格就因用户信息泄露事件，被 44 名国会议员围怼 5 个小时。议员们质问扎克伯格："我是不是要给你钱，你才能不泄露我的个人信息？""Facebook 是不是独裁公司？""你 2006 年在国会道歉，为什么到了今天还在道歉？"面对 Facebook 这样中心化的平台，议员们显然不甚了解更不理解，扎克伯格也难以自圆其说，不得不自 2006 年起至今一直要去国会道歉。特斯拉及智能驾驶汽车也面临着类似的困境。智能系统的基础是大数据分析，掌握用户的各项数据、对用户驾驶行为实时监控，是智能驾驶技术提升的关键。但是，智能系统一旦介入驾驶后，交通事故的责任认定不得不依赖于数据分析。如今，汽车厂商的中心化系统控制了数据，这给责任的认定带来难题，用户对这种中心化的权力结构表达了不信任。

"如果将元宇宙视为一个经济体，那么它是否需要和世界各国建交？还是像南极一样受国际条约的保护？在元宇宙里发生了纠纷，是否由联合国相关机构出面解决?""如果将元宇宙视为一个游戏,那么这个游戏应该按照哪个国家的法律进行监管?还是要成立一个世界性的监管机构?"

2008年中本聪发布比特币白皮书,建立了第一个分布式网络。它找到了中心化网络的解决方案,那就是区块链分布式网络。在比特币网络中,通过区块链的生成可以实现分布式结算、验证及记账。银行系统是区块链分布式网络最成熟的应用,这是比特币网络的贡献。但是,后来的以太坊认为,人类极其复杂的行为不能完全按照交易和记账的方式处理,而应该采用协议来完成,即在区块链上通过代码执行协议,智能合约由此诞生。以太坊网络的思维是,人类所有行为即合约,合约通过代码来实现。换言之,代码即法律,通过代码来约束协议执行,从而实现去中心化。以太坊大大拓展了区块链的应用场景,但是又出现了一个新问题,那就是代码化趋势。分布式网络没有呈现可视化的虚拟现实的应用场景,这制约了它的发展。Roblox为什么令人兴奋?以太坊也可以通过创建智能合约来发布游戏,但Roblox展现了更真实的应用场景。

扎克伯格对区块链非常感兴趣,两年前他宣布创建一个跨国界的分布式银行网络,并推出加密货币Libra。Facebook的应用场景是丰富而真实的,如何展现却是一个难题。如今,元宇宙概念,尤其是虚拟现实技术,给分布式网络提供了可视化的应用场景。当Libra分布式网络及加密货币与元宇宙的应用场景相结合,Facebook有机会塑造一个完全不同的"平行宇宙"。例如,Libra拥有丰富的应用场景,不仅可以在可视化的空间里购买商品、游戏服务甚至是有型资产,而且用户的社交与交易网络是分布式的、端对端加密的。如此,Facebook可以摆脱"独裁公司"的骂名及欧盟无休止的反垄断调查,同时还能给29亿用户提供一个超越中心化互联网的平台。这是扎克伯格押注元宇宙的主要原因。

分布式网络最大的影响或许是启发数字资产私有化的观念。一般来说,实体资产可以比较容易地实现私有化,而数字资产,包括数据、虚拟资产,则很难实现真正的私有化。分布式数据存储将从技术层面实现数字资产私有化,元宇宙将以可视化的方式打通虚拟与现实的资产链接,进一步强化平行宇宙与现实世界的个人产权。随着越来越多实体资产平行映射到分布式网络上，越来越多资产上链后完成私有化确权，元宇宙提供模拟真实场景的授权、交易与结算。

我们再从元宇宙的概念来理解人工智能。大多数人都欢迎人工智能，但都拒绝希尔多·卡辛斯基的预言，即被技术精英以人工智能之名控制。在分布式网络中，数据个人产权同样可以支持人工智能，而且这是一个更良性、公平的规则。智能驾驶汽车厂商、生物制药企业、金融机构等可以在分布式网络中以授权、交易的方式获得用户数据。元宇宙给分布式网络与人工智能提供了安全、沉浸式的体验场景。例如，分布式的智能驾驶系统可以发现车主疲劳驾驶的状态，同时发出提醒和辅助介入，并且这个过程是加密的、安全的。当发生交通事故时，元宇宙可以还原事故场景，用户和交警都可以调取数据以判断事故责任。这是分布式网络、人工智能在元宇宙的空间中给人类带来的自由。

当然，元宇宙挑战的不仅仅是中心化的网络，而且是中心化网络背后更艰深的社会规则。比特币、区块链及数字货币，毫无保留地表现出对现实世界规则的不满，并试图发起挑战，也因此遭遇限制。元宇宙的策略更低调、更富智慧，它表现出"娱乐至死"的麻痹感。它更强调虚拟现实所呈现的另一个世界，应用场景更娱乐化、社交化和消费化。但是，元宇宙集合所有技术力量以一个平行宇宙的方式，或潜移默化地改变着人类现行的权力规则。在元宇宙中，分布式网络、加密货币、可信任的人工智能、自治社区将重塑人与人之间的信任关系及权力分配制度，这对现实世界的一系列制度及法律提出了挑战。

区块链及数字货币备受资本市场的关注，但在现实的规则下却很难找到充分的应用场景，是元宇宙提供了虚拟化的场景。容易让人误解的是，元宇宙虚拟化的场景会将技术应用带偏。元宇宙

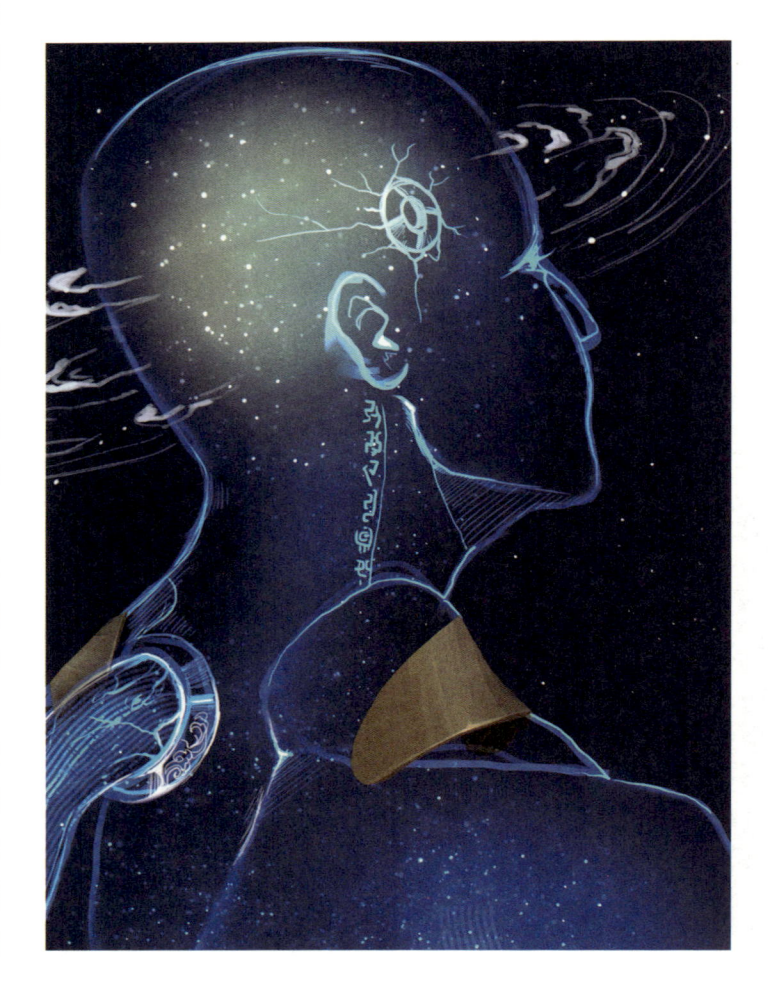

的应用场景反过来会改变现实世界的规则。

货币，需要应用场景，通过大量的交易积累信用。法币是通过国家法律方式强制国民使用，在税收及公共支付中建立应用场景基本盘。在美国自由银行时代，大量银行发行了海量的银行券，这些银行券寻找的应用场景是当时最主流的融资市场。近些年，数字货币也是如此。除了融资之外，数字货币还需要更广泛的应用场景，如游戏服务、商品交易、股票投资等，这些是元宇宙能够提供的。假如元宇宙中的应用场景足够庞大，数字货币又具有相当的信用，那就很容易渗透现实世界，成为现实中流通的货币。大量的用户在元宇宙中对货币、银行系统、虚拟资产及社区规则建立的信用，延伸到线下进而改变现行的权力组织及游戏规则。

实际上，元宇宙与现实世界之间早已被资产证券化打通。一些数字货币、虚拟资产建立了资产储备制度，数字货币、虚拟资产、虚拟商品对应一定比例的现实资产、商品与服务。用户持有的数字货币可以兑换成美元、房地产抵押债券，用户在线上投资的房产通证可能对应加州某市的部分房产，用户购买的某种虚拟商品可以在线上直接收看某位歌手的演唱会。当然，元宇宙试图呈现的不仅仅是虚拟货币的自由发行与无国界流通。元宇宙展示的平行宇宙，其实是一个资本、信息、人员等流动性更强的自由世界，公共权力及公共资源分配更公平的分布式世界，个人产权与利益得到充分保护的自治世界。

元宇宙至少是一个更有效率的世界。股票就像元宇宙的一个最初的元素。股票是一种资产证券化，是现实世界资产的虚拟化。股票的价值体现在强大的流动性和权益配置的专业化。元宇宙所展现的流动性及权益配置的专业化可以带来效率。现实世界中更多虚拟化的商品、证券化的资产，在元宇宙中快速地流通与交易。元宇宙的效率来自正当性，即更公平的规则。

元宇宙世界需要建立两种关键制度。一是个人产权制度。从一般性的角度看，个人产权制度是第一位的，也是一切有效率制度的前提。产权安排直接影响资源配置效率，一个社会的经济绩效最终取决于产权安排对个人行为所提供的激励。在元宇宙中，数字产权的确权、保护、授权与交易对数字经济产生巨大的激励性，可以更健康地促进人工智能的进步。分布式网络、加密技术与数字货币，也可以更好地保护现实世界映射网上的个人资产，同时，元宇宙将提供无国界的、可视化的个人资产交易场景，促进个人资产的全球化配置。二是公共制度。在个人产权制度基础上讨论公共制度才有意义，但是任何公共制度的建立及执行都充满挑战。在数字货币世界中，数字货币原本想通过竞争性的方式挑战法币垄断，结果大量数字货币在通胀和诈骗中归零。市场陷入囚徒困境，是公共制度缺失所致。

元宇宙的公共组织，不是国家、公司，更可能是分布式自治组织。哈耶克主张用市场的规则来建立人类的组织，布坎南将公共决策的参与行为定义为市场行为。在自治组织中，每个人是按照预期收益最大化的方式参与公共决策的。打个比方，每个人根据预期收益最大化来选择社区和邻居，同时参与社区的公共管理。公共制度的"搭便车"问题会降低效率，希望元宇宙可以降低公共组织的交易费用。

## 积极关注和参与元宇宙很重要

对于国内元宇宙产业的发展，态度很重要，即我们要以什么样的态度对待和参与元宇宙？

"对新技术，我一贯的态度是积极关注和参与，元宇宙也不例外。"刘润指出，元宇宙这个新事物，发展变化得太快了，需要我们不断地观察和学习，实践是最好的学习模式。"我个人的建议是，如果有可能，在保证自身财产、隐私等方面安全的前提下，适当参与一些元宇宙项目，这会让你有更多真实的体验和感受。""无论是发币还是 NFT，或在元宇宙买地、造房子，都如我所说，理想主义者、骗子、冒险家、'韭菜'并存。很多以元宇宙名义兴起的新项目，也可能最终沦为骗局。"但无论如何，这些项目都是元宇宙的敲门砖，在确保自身安全的前提下谨慎参与会有助于我们进一步理解什么是元宇宙。"因为不管怎样，这个未来迟早都是要来的。而且这个未来说不定真的会极大地改变我们的生活。"

在这种大环境下，行业目光更聚焦于"不差钱"的互联网巨头，他们拥有的技术、内容和人才储备在其探索元宇宙时更容易成为各自的先发优势。

网易在 2020 年投资了多家"虚拟人"相关公司，包括虚拟人生态公司次世文化、虚拟形象技术公司 Genies、虚拟社交平台 Imvu、"微软小冰"母公司北京红棉小冰科技有限公司等。其中，次世文化曾为迪丽热巴、欧阳娜娜等艺人打造过虚拟形象，备受关注。在 VR 技术领域，网易先后投资 VR 流媒体直播公司 NextVR、VR 设备厂商 AxonVR、虚拟形象及人工智能建模企业 Genies 等多家 VR 技术关联公司。

阿里巴巴在 2020 年 10 月组建了 XR 实验室，其负责人谭平表示在元宇宙方面的布局将主要通过全息构建、全息仿真、虚实融合、虚实联动四个阶段完成从现实社会到虚实相融社会的过渡。

近年来，密集布局人工智能与自动驾驶领域的百度，则在 2020 年年底上线内测了其首款元宇宙产品——希壤 App，并举办了一场元宇宙大会。

游戏可能是元宇宙早期落地的产品形态。因此，互联网巨头在游戏领域的布局尤受关注。字节跳动与腾讯更是黑马。

2020 年 2 月，字节跳动上线游戏品牌"朝夕光年"。3 月，字节跳动豪掷 40 亿美元收购沐瞳游戏。4 月，字节跳动斥资数亿元将手游开发商有爱互娱收入麾下，并以 1 亿元战略投资代码乾坤公司。资料显示，代码乾坤是一家手机游戏研发商，主要从事手机游戏的研发，其核心产品《重启世界》与海外知名 UGC（用户原创内容）平台 Roblox 相似，是国内为数不多的 UGC 制作平台。8 月，Pico 创始人周宏伟证实字节跳动收购 Pico，多方消息显示此次收购价格约为 90 亿元，这是中国 VR

行业最大的一笔收购案。VR 一直被视为元宇宙的一个关键硬件入口，这次收购案对字节跳动的战略意义不言而喻。进入 2022 年，字节跳动在元宇宙的布局上有了更多精细化的行动。1 月，字节跳动上线元宇宙社交 App"派对岛"，在这个线上世界，用户可以打造自己的虚拟形象，与好友聊天、逛街、看电影，享受沉浸式社交体验。此前，字节跳动曾经在东南亚推出过另一款元宇宙社交平台 Pixsoul。元宇宙的另一新兴应用——虚拟人赛道，字节跳动也早有布局，2022 年 1 月，字节跳动独家投资 AI 虚拟数字人李未可；2020 年年末，字节跳动与乐华娱乐联合企划的虚拟偶像女团 A-Soul 已正式"出道"。

相比起字节跳动的频繁布局，腾讯显得更从容。对于拥有游戏 + 社交护城河的腾讯而言，布局元宇宙与自身业务发展高度吻合。早在 2020 年 2 月 Roblox 完成 1.5 亿美元的 G 轮融资中，腾讯就已参投，并独家代理 Roblox 中国区产品发行；更早之前，腾讯投资了另一家元宇宙游戏公司 Epic Games，它是游戏开发引擎 Unreal Engine 的开发商。2021 年年初，业界传言腾讯拟以 26 亿元的价格收购黑鲨手机，收购后将全部归入 PCG 事业群，主要用于研发 VR 设备。企查查数据显示，2021 年腾讯已经申请注册近百条元宇宙相关商标，其中多采用 QQ 元宇宙、天美元宇宙、王者元宇宙等"热门产品 + 元宇宙"的组合方式。

## 元宇宙产业发展：理想主义者、骗子、冒险家、"韭菜"

"这个世界有一条定律：起得最早的是理想主义者，跑得最快的是骗子，胆子最大的是冒险家，害怕错过拼命往里钻的是'韭菜'，能最后成功的人可能还没入场。元宇宙产业同样适用这一定律。"刘润眼中，元宇宙最初的拥趸无疑是理想主义者，充满激情，想要改变世界，并积极推动元宇宙的发展。随之而来的，肯定是嗅觉灵敏的骗子，理想能不能实现不重要，但一定要能赚钱。

"这类骗子，比较典型的是前两年发行'空气币'的那些人。他们四处营销造势，肆意炒作自己发行的'空气币'，欺骗投资人入场，高点抛售跑路。"随着骗子的出现，冒险家们也会陆续进场。冒险家知道理想主义者和骗子同时存在，也知道风险极高，但敢于火中取栗，敢于赌自己比骗子更聪明、跑得更快。"比较典型的冒险家，是'空气币'打新者。他们赌骗子们要等一等，培育市场才会跑路，所以追逐着刚上市的'空气币'打新，快进快出，不少人也确实搏到了高额收益。"看见冒险家们真的赚钱，"韭菜"们忍不住了。"前天看是 1 元钱，没买；昨天看 1.5 元，还是没买；今天居然一下子涨到 10 元了！那明天会涨到 50 元吧？我肯定要进场了。"结果，"韭

"菜"成了最后的"接盘侠"。此时，按照 Gartner 曲线，那些真正能将行业带向成功的人们，可能根本还没有入场。

虽然元宇宙概念热度一直高涨，但是不可否认它仍处在发展初期，相关的概念炒作正被监管部门高度关注。与此前 VR、无人机、智能驾驶等科技领域的新产业相比，元宇宙受到的监管压力要大得多。一个重要的原因在于，元宇宙的底层构建离不开区块链技术，并且与虚拟资产领域高度关联。而目前，虚拟资产和数字资产等的所属权、流通价值、相关法律都还尚未明确。在大力打击虚拟货币交易炒作活动的大前提下，对元宇宙概念炒作的监管力度自然会更严格。那么，选择闷声布局，等候时机成熟，显然是一条更适合"不差钱"互联网巨头的道路。

现在的元宇宙产业发展，就像一部 30 集的连续剧："第 1 集，理想主义者出场；第 2 集，骗子出现了；第 3 集，冒险家们冲进来参与一下；第 4 集，'韭菜'们看了好久，终于也忍不住了；可能第 15 集，那个最后的成功者才会出现。而现在，这部剧才拍摄了不到 5 集。所以，别着急。""这就好比互联网发展的早期，有一个领一时风骚的王者——瀛海威，现如今又有几个人知道它？很多人根本连听都没听到过。而且，这个早期，距离我们也就只有二十年左右。"

# 02

# 名师一堂课

**虚拟数字人到元宇宙：从已知到未知**

文 | 高维和　上海财经大学商学院教授

喻秋橦　上海财经大学商学院市场营销系博士研究生

# 虚拟数字人到元宇宙：从已知到未知

文 | 高维和　上海财经大学商学院教授
　　 喻秋橦　上海财经大学商学院市场营销系博士研究生

　　"2019 年 12 月，我在洛杉矶提前体验了'The March'已完成的部分。戴着虚拟现实头显和耳机的我有幸和马丁·路德·金面对面，我凝视着他因言语而稍有动容的脸，第一次注意到他左脸颊上有颗痣。我决定走上前去。当接近演讲台时，惊喜来得太突然——马丁·路德·金正看着我。超过 50 万个被优化的多边形建模在虚拟世界里变成了马丁·路德·金明亮的眼睛，以及混合着自信与朴素的表情。我发现自己没办法说出什么，因为与他的目光相遇比我想象的更具挑战。"

——《时代周刊》编辑 Patrick Lucas Austin

注：本文是国家社会科学基金重点项目（AZD057）、国家自然科学基金面上项目（71872106）阶段性成果。

## 徐徐走来的虚拟数字人

2021 年，新冠疫情的阴霾尚未散去，元宇宙大爆炸似的迅速由文学概念"出圈"成为产业热点。作为元宇宙核心要素之一的虚拟数字人，雨后春笋般纷纷涌现。从洛天依登上春晚舞台、Ayayi 蹿红小红书，到虚拟数字人抢占冬奥会，声浪一波连着一波。虚拟主播柳夜熙在抖音坐拥 865.5 万粉丝[①]，A-Soul 在 B 站拿下 Keep、肯德基、欧莱雅等品牌"跨次元推荐官"。[②] 如果把虚拟数字人按照知名度排列成金字塔，塔尖的那些，已突破小众文化圈，渐入主流视野。

依据我国 2018 年发布的《关于加快推进虚拟现实产业发展的指导意见》和 2021 年发布的《关于开展出版业科技与标准创新示范项目试点工作的通知》，到 2025 年，我国虚拟现实产业整体实力进入全球前列，掌握虚拟现实关键核心专利和标准，并且要在虚拟现实与工业制造、学习教育、文娱活动、外贸商务等方面加强融合和应用。据天眼查，中国现有"虚拟数字人""数字人"相关企业近 30 万家；2016—2020 年新增注册企业增速复合增长率近 60%。依据头豹研究院数据，当前虚拟数字人市场规模已超过 2 000 亿元。《2021 年虚拟数字人深度产业报告》中，2030 年我国虚拟数字人整体市场规模将超过 2 700 亿元。得益于虚拟 IP 的巨大潜力和虚拟第二分身的起步，身份型虚拟数字人将占据主导地位（约 1 750 亿元），逐步成为 Metaverse 的重要一环；服务型虚拟数字人相对稳定发展，多模态 AI 助手仍有待进一步发展，多种对话式服务升级至虚拟数字人形态，总规模有望超过 950 亿元。

利用计算机进行视觉设计和生产（Computer Graphics，CG）、语音识别、图像识别、动态捕捉等技术，是虚拟角色激增的原始推动力。虚拟数字人是具有拟人化外观、交互能力、控制实体的数字化实体。

---

[①] 截至 2022 年 3 月 20 日。

[②] 依据定义和内含，数字人包含虚拟人，虚拟人包含虚拟数字人。在不要求具备交流互动能力时，数字人、虚拟人、虚拟数字人等同。数字人强调角色存在于数字世界；虚拟人存在于数字世界，其身份是虚构的，在现实世界中并不存在；虚拟数字人在两者基础上强调虚拟身份和数字化制作特性。这里，我们重点聚焦虚拟数字人。

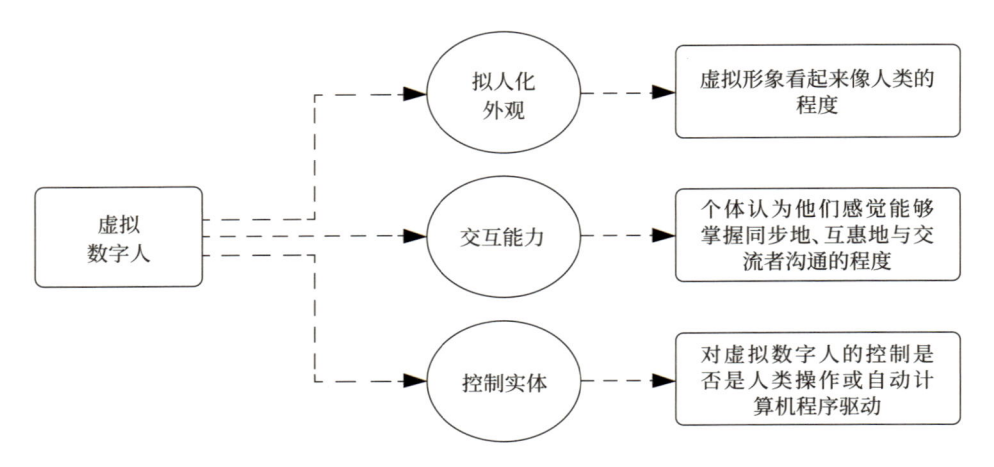

```
虚拟                  拟人化          →    虚拟形象看起来像人类的
数字人     ──→       外观                    程度

           ──→      交互能力        →    个体认为他们感觉能够
                                          掌握同步地、互惠地与交
                                          流者沟通的程度

           ──→      控制实体        →    对虚拟数字人的控制是
                                          否是人类操作或自动计
                                          算机程序驱动
```

注：据 Miao 等（2022）和其他相关资料整理。

**虚拟数字人的定义**

## 交相辉映的虚拟数字人

按照虚拟形象呈现的外观特征及提供的实际功能，虚拟数字人可以分为卡通型、真人型、服务型和身份型四类。

虚拟数字人按外观的图形特征可分成卡通型和真人型。卡通型常见的是二次元和 3D 卡通：二次元是在平面空间呈现，只能以单个视角浏览，其在制作过程中已经确定了视角，用户不可自行更换；3D 卡通是三维立体模型，能够以任意视角浏览。真人型常见的是 3D 超写实和真人形象：3D 超写实与真人极为接近，是对真人卡通化。用户通常会将真人型和真人直接关联，并用真人的社交行为标准对其进行考量；对卡通型就不会这样做。

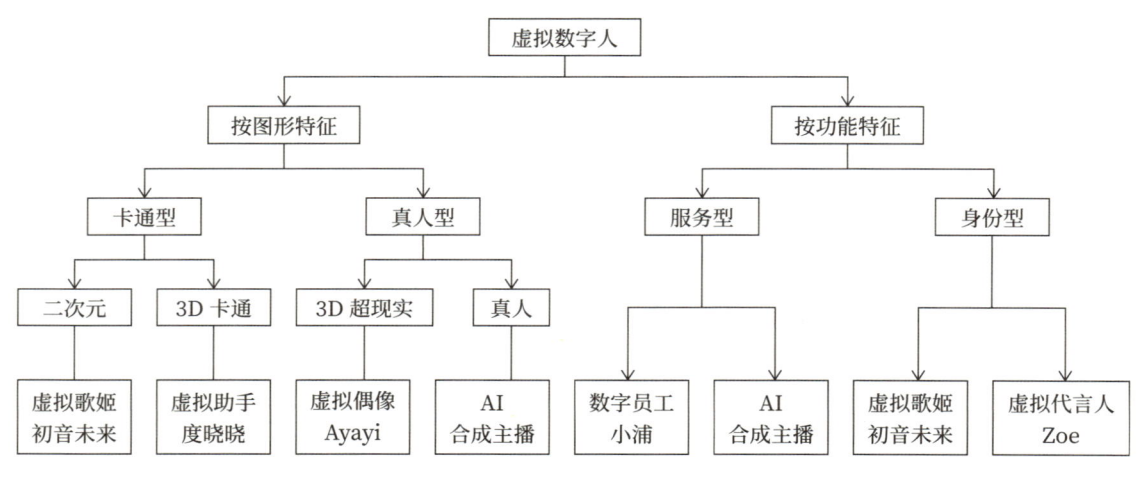

```
                        虚拟数字人
                  ┌──────────┴──────────┐
              按图形特征              按功能特征
           ┌──────┴──────┐         ┌──────┴──────┐
         卡通型          真人型     服务型         身份型
        ┌──┴──┐        ┌──┴──┐    ┌──┴──┐       ┌──┴──┐
      二次元 3D卡通   3D超现实 真人  数字员工 AI    虚拟歌姬 虚拟代言人
                                    小浦   合成主播  初音未来    Zoe
      虚拟歌姬 虚拟助手 虚拟偶像 AI
      初音未来 度晓晓   Ayayi  合成主播
```

**虚拟数字人的分类**

按虚拟数字人的实际功能可分为服务型和身份型。服务型虚拟数字人的核心功能是提供服务，完成约定服务内容等简单功能，常见的有虚拟主播、虚拟老师、虚拟关怀师等。服务型虚拟数字人能够降低已有服务产业的成本、为存量市场降本增效，提升 AI 助手的交互效果，扩展接受度和使用场景。身份型虚拟数字人的核心功能则是以娱乐、社交、虚拟 IP、虚拟偶像来推动虚拟内容生产，为未来虚拟世界提供人的核心交互中介，在增量市场创造新的价值增长点，降低虚拟内容的制作成本。

虚拟数字人的通用系统框架可概括为五个模块，其中交互模块为拓展项，可据其有无分为交互型虚拟数字人（智能驱动型和真人驱动型）和非交互型虚拟数字人。根据相关产业实践，真人驱动型虚拟数字人的制作存在表演捕捉环节，需要利用动作捕捉设备捕捉真人的动作关键点变化，由真人演员进行相应的表演实施驱动虚拟数字人表演；智能驱动型虚拟数字人则是利用深度学习，学习模特语音、唇形、表情参数间的潜在映射关系，形成各自的驱动模型和方式，最终通过高精度的驱动模型还原真人的动作变换。

根据外观和功能，依据当下一些典型的虚拟数字人，我们对虚拟数字人进行匹配有助于更好地理解及实际应用。

Ⅰ类为卡通—身份型，代表的虚拟形象是洛天依和初音未来等，他们拥有自己的卡通外观以及专属于自己的性格特点和身份背景，相比真人偶像来说，用户及粉丝往往对这类虚拟形象有更大的话语权。Ⅱ类为真人—身份型，代表的虚拟形象是虚拟偶像 Ayayi 和雀巢咖啡虚拟代言人 Zoe 等，他们有着逼真的人体动作和精良的面部动画，也有独立人设，能够创造属于自己的商业价值。Ⅲ类为卡通—服务型，代表的虚拟形象是度晓晓，他是由百度推出的养成类虚拟助手，

拥有二次元形象，为用户实时提供服务，具备答疑解惑、娱乐互动、情感陪伴等能力，可全天 24 小时陪伴。Ⅳ类为真人—服务型，代表的虚拟形象是 AI 合成主播新小浩和浦发银行数字员工小浦等，他们拥有与真人相似的外观，并提供为企业、社会创造价值的服务。

## 持续演进的虚拟数字人

虚拟数字人从出现至今，发展历程将近 40 年。随着元宇宙到来，虚拟数字人迎来新一轮热潮。回顾虚拟数字人的发展历史，其发展演进与技术进步密不可分，从最早的手工绘制到现在的 CG、人工智能合成，虚拟数字人的发展可分为萌芽、探索、初步和成长四个阶段。

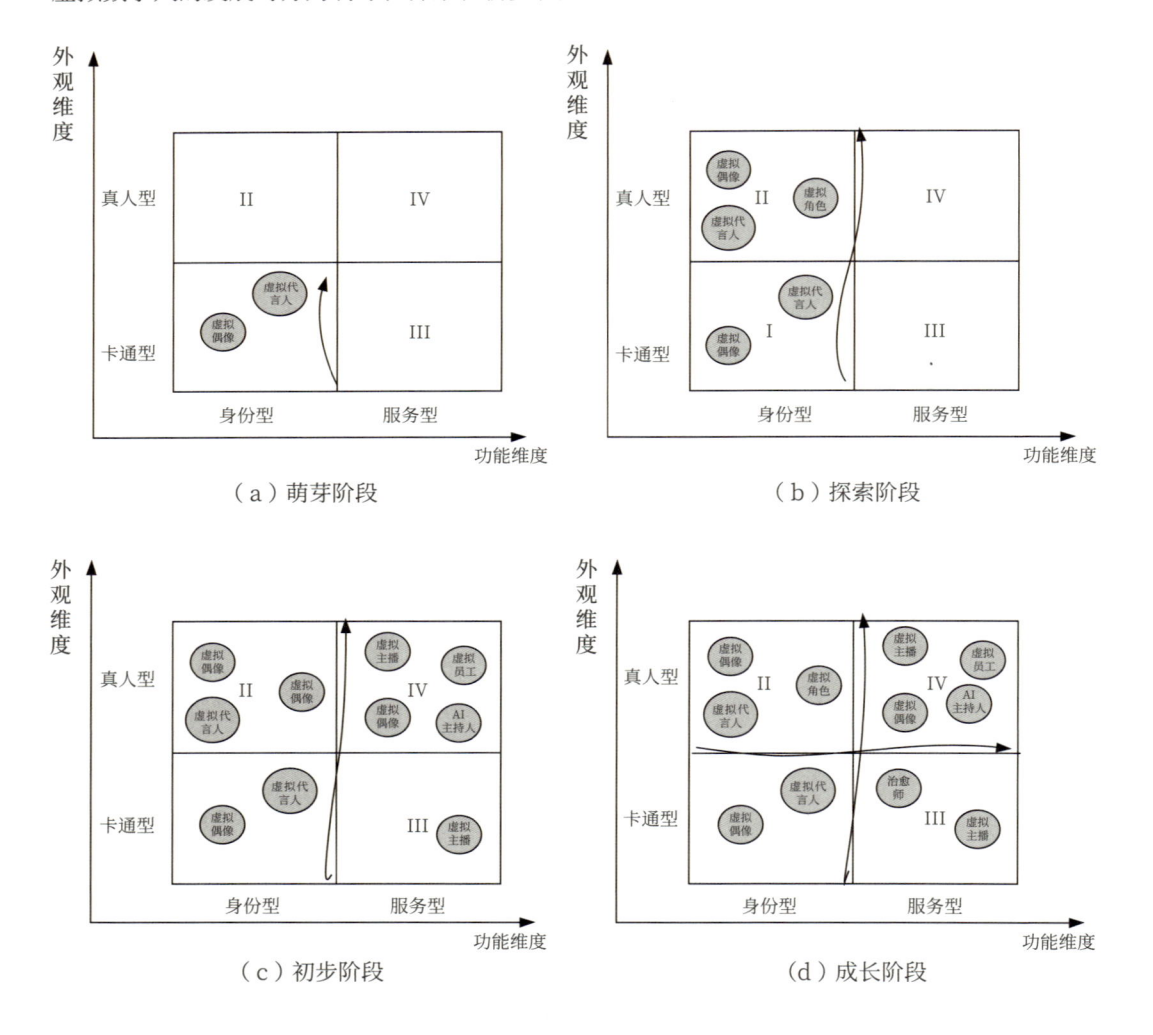

虚拟数字人的发展脉络图

**萌芽阶段：虚拟形象引入现实。** 20 世纪 80 年代，是虚拟数字人发展的萌芽阶段，人们开始尝试将虚拟数字人引入现实世界。这一时期的代表虚拟数字人是 Ⅰ 类（卡通—身份型），多为虚拟偶像，如世界首位虚拟歌姬林明美、少女偶像芳贺唯，参与的公司主要是动漫制作方、游戏公司等，以通过向粉丝售卖音乐专辑或参演影视作品的方式盈利。早期的虚拟偶像以 2D、3D 动画来表现虚拟数字人的人物形象，其制作技术以手工绘制为主，二次元文化的盛行催生了让"纸片人"动起来并进行交互的情感。

**探索阶段：涉足影视娱乐。** 21 世纪初，传统手绘逐渐被动作捕捉和 CG 等技术取代。电影制作中的数字替身一般利用动作捕捉技术，正如纪录片所示，真人演员穿着绿色动作捕捉服装，脸上装着表情捕捉点，通过摄像机、动作捕捉设备采集演员的动作和表情，经计算机处理后赋予虚拟角色。以技术为支撑的虚拟角色面部表情、动作等更加丰满。这一阶段，Ⅰ 类（卡通—身份型）虚拟数字人的发展得到加深，Ⅱ 类（真人—身份型）虚拟数字人开始萌发。该时期的虚拟形象主要是虚拟偶像和拥有真人外观的虚拟角色，如初音未来、洛天依、《指环王》咕噜等，参与的公司多为顶尖电脑绘图公司、音乐制作公司、媒体公司。除了通过售卖音乐专辑等周边产品尝试盈利外，举办线下演唱会或商演等也是商业价值变现的主要方式。

**初步阶段：虚拟数字人形象逼真，并向智能服务领域延伸。** 2016 年以后，虚拟数字人的制作过程越发精准简化，这得益于各项技术的突破，尤其是仿真和 AI 技术的突破发展，传统媒体及商业机构开始使用服务型 AI 虚拟数字人进行业务辅助。Ⅲ类（卡通—服务型）和Ⅳ类（真人—服务型）登上虚拟数字人的舞台，四种类型虚拟数字人齐头并进飞速发展。该时期以Ⅲ类（卡通—服务型）虚拟主播和Ⅳ类（真人—服务型）虚拟主播、虚拟主持和虚拟员工的发展为主。例如，二次元虚拟主播 Vtuber，形象以二次元、卡通风格为主，利用粉丝经济，通过平台粉丝打赏及直播分成实现盈利，吸粉能力可观。2017 年，B 站推出虚拟次元计划，打造了初代虚拟 UP 主小希和小桃；2019 年，浦发银行推出数字员工"小浦"。智能服务型虚拟数字人的加入，使得虚拟数字人正式迎来了初级发展阶段。

**成长阶段：技术突破，供不应求，四类虚拟数字人渐入佳境。**2019年以来，不同类型虚拟数字人的商业模式随着行业的迅速成长，逐渐清晰。虚拟数字人制作涉及的建模、驱动和渲染三大技术逐渐成熟。虚拟KOL、虚拟偶像团体等引领潮流，形象风格多变，商业价值不断显现；虚拟网红KOL与时尚、美妆等品牌合作催生巨大商业价值；服务型虚拟数字人24小时不间断直播的独特性，为商家经营创新带来了新的可能和未来畅想。2020年，数字王国软件研发部负责人携自己的虚拟形象登上TED，超写实虚拟数字人登上舞台。2021年10月31日，"会捉妖的美妆达人"柳夜熙发布第一条抖音短视频，迅速获赞300万、涨粉超100万。

总的来说，虚拟数字人最早在日本出现并外延发展，是以虚拟歌姬林明美为代表的Ⅰ类（卡通—身份型）虚拟数字人。此后，虚拟数字人在影视作品尤其是科幻类作品中频繁出现，行业发展由小众文化的情感连接需求向技术驱动转移，在Ⅰ类（卡通—身份型）虚拟数字人持续发展的基础上，Ⅱ类（真人—身份型）虚拟数字人逐渐进入大众视野，多为虚拟偶像和拥有真人外观的虚拟角色。随着建模、渲染技术和动捕、面捕技术，以及AI的发展，虚拟数字人的形态和应用场景极大丰富，Ⅲ类（卡通—服务型）和Ⅳ类（真人—服务型）虚拟数字人快速发展，智能服务类虚拟数字人登上虚拟数字人的舞台，虚拟主播、虚拟主持和虚拟员工等渐成趋势。可以预见，随着偶像文化、直播文化的迅速发展，虚拟数字人商业化路径将进一步拓宽，虚拟主播、虚拟偶像及虚拟KOL等有望迎来高速发展。

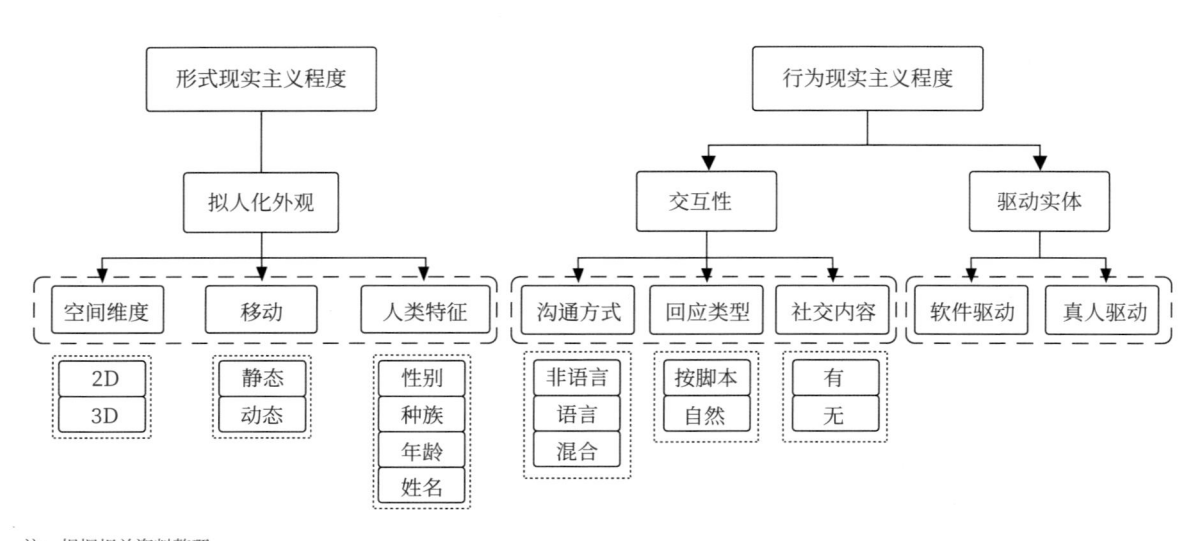

注：根据相关资料整理。

虚拟数字人的设计类型

## 研究中的虚拟数字人

相比虚拟数字人的井喷式发展，囿于数据可得性、丰富性和时间跨度，相关产业或者产品的学术研究略显落后，特别是针对成长期虚拟数字人的研究，如虚拟偶像、虚拟代言人及新兴的智能服务型虚拟数字人等。目前的研究更多地关注聊天机器人、虚拟销售等虚拟助手。据现有文献看，研究的角度相对单一，大多局限于关注虚拟化身外观或行为的某一方面，对交互等相关的正式研究还有待发展。形式和行为如同硬币的正反面，在虚拟数字人的研究中应综合考虑这两方面元素及其交互影响。

基于Miao等（2022）的研究，我们梳理了近十年的主要研究文献，从拟人化外观、背后驱动实体及专业能力三个方面进行阐述。

**一是拟人化外观方面。** 现有的研究表明，如果虚拟数字人外观越像真人，即拟人化程度越高，用户就越会用人类的标准衡量虚拟数字人。例如，当虚拟销售人员的评论与其他在线客户的评论存在矛盾时，对于较高程度可爱性虚拟形象来说，自动化社会存在（Automated Social Existence, ASE）只能减轻可爱性得分较低的虚拟形象矛盾的负面影响。拟人化程度越高，在存在利益情况下，用户就越会将其当作真人看待并认为高拟人化的虚拟数字自私意图较高（Lin、Doong和Eisingerich，2021）。虚拟化身与用户越相似，用户对虚拟化身的积极态度（如喜爱、联系和热情）就越多，并能更好地评估服装产品的质量和性能，而积极态度也会增加用户使用虚拟化身的意图（Suh、Kim和Suh，2011）。

**二是驱动实体方面。** 当消费者被提醒或是自己意识到与自己对话的是AI或真人时，就会分别触发人类或机器启发式，相应地影响他们评估交互质量的标准，导致不同的效果（Go和Sundar，2019）。如果用户在网购时被提醒，与自己对话的不是真人，就会减少购买，因为他们认为机器人知识较贫乏、同理心不强。尽管聊天机器人具有客观能力，但负面的披露效应似乎是由人类对机器的主观感知驱动的（Luo等，2019）。对于涉及敏感个人信息的情况，被提醒虚拟数字人是由非真人驱动会十分有效。例如，在心理咨询时，如果用户被提醒此时与自己对话的虚拟化身是由智能技术驱动的，那么用户会更倾向于倾诉，因为面对机器人有更多的安全感。不同的应用场景下，不同的驱动实体会产生不同的效果，智能推荐人在实用领域比人类推荐人更有能力，但在享乐领域就不如人类推荐人（Longoni和Cian，2022）。

三是专业能力方面。现有的研究对专业能力的探讨并没有取得统一的认知，专业能力与对应的效果之间并非单纯的正相关关系。对于虚拟销售教练来说，中等水平的性能提升最大，低级和高级的相对有限，且虚拟—人类教练组合的性能优于单一虚拟或人类教练（Luo 等，2021）。对于不同产品摄入度的购买者来说，不同专业水平的虚拟销售效果不同：在高水平的产品参与度下，专家虚拟化身销售更有效；在中等水平的产品参与下，则不尽然（Holzwarth、Janiszewski 和 Neumann，2006）。当面对不同情绪的消费者时，不同专业能力的虚拟聊天机器人效果不同：当用户处于愤怒的情绪状态下进入聊天机器人主导的服务交互时，由于事先用户对聊天机器人预期过高，会对用户的满意度、对公司的评价及随后的购买意向产生负面影响；对于处于非愤怒情绪状态的顾客来说，则没有负面影响（Crolic 等，2022）。尽管用户完全意识到他们正在与无生命体交流，但也倾向于将具有人类特征的虚拟化身视为社会参与者并应用相同的社会规则（Holzwarth、Janiszewski 和 Neumann，2006）。

| 层面 | 引用文献 | 类型 | 自变量 | 因变量 | 主要发现 |
| --- | --- | --- | --- | --- | --- |
| 外观 | Suh、Kim和Suh, 2011 | 第二化身 | 化身与真人相似性 | 使用态度和倾向 | 虚拟化身与用户越相似，用户对虚拟化身的态度就越积极（如喜爱、联系和热情），就能更好地评估服装产品的质量和性能，而积极态度也会增加用户使用虚拟化身的意图。 |
| | Lin、Doong和Eisingerich, 2021 | 虚拟销售 | 化身形象拟人程度 | 负面影响程度 | 当虚拟销售人员的评论与其他在线客户的评论存在矛盾时，对较高程度可爱性虚拟形象来说，自动化社会存在（ASP）只能减轻可爱性得分较低的虚拟形象矛盾的负面影响。 |
| 驱动实体 | Garvey、Kim和Duhachek, 2022 | 虚拟销售 | 真人vs人工智能 | 感知意图 | 消费者推断AI自私意图较弱，因而在产品或服务提供比预期差的情况下，与AI互动会增加购买的可能性和满意度；但在比预期好的情况下，消费者与真人互动的反应会更积极，并可通过拟人化AI销售来加强感知的意图。 |
| | Luo等, 2019 | 聊天机器人 | 真人vs人工智能 | 购买产品数量 | 当对话的不是真人时，客户会更少地购买产品，因为他们认为机器人知识较贫乏、同理心不强。尽管AI聊天机器人具有客观能力，但负面的披露效应似乎是由人类对机器的主观感知驱动的。这种负面影响可以通过延迟披露时间或以客户之前的人工智能体验来减轻。 |
| | Longoni和Cian, 2022 | 虚拟销售 | 真人vs人工智能 | 推荐接受程度 | 人工智能推荐人在实用领域比人类推荐人更好，但在享乐领域就不如人类推荐人。功利属性的重要性决定了对人工智能推荐人的偏好，而享乐属性的重要性决定了对人工智能推荐人的抵制程度。 |

| 层面 | 引用文献 | 类型 | 自变量 | 因变量 | 主要发现 |
|---|---|---|---|---|---|
| 专业能力 | Luo等, 2021 | 虚拟销售 | 真人vs人工智能 | 感知意图 | 对于在线学习培训,中等水平虚拟教练的性能提升最大,低级和高级的相对有限;自身水平较高的销售由于严重的信息过载问题对AI教练的厌恶程度最强;通过限制训练反馈水平可以显著提升排名靠后教练的表现,且虚拟—人类教练组合的性能优于单一虚拟或人类教练。 |
| | Holzwarth、Janiszewski和Neumann, 2006 | 虚拟销售 | 真人vs人工智能 | 购买产品数量 | 使用虚拟化身销售可以提高用户对零售商的满意度、对产品的积极态度及购买意愿。在中等参与度下,具有吸引力外观的虚拟化身销售更有效;在高水平的产品参与度下,专家虚拟化身销售更有效。 |
| | Crolic等, 2022 | 聊天机器人 | 真人vs人工智能 | 推荐接受程度 | 当客户在愤怒状态下与聊天机器人交互时,会对客户满意度、公司评价及随后的购买意向产生负面影响,这是由于用户对聊天机器人预期过高;对处于非愤怒情绪状态的顾客来说,则没有负面影响。 |

## 虚拟数字人 +

你可以把元宇宙看作是一个具身性的互联网。在这里,你不再浏览内容——而是在内容中。就像《头号玩家》中的世界,玩家头戴 VR 设备、脚踩可移动基座后进入虚拟世界"绿洲",开始创建平行世界里新的宇宙和文明。

—— Facebook CEO 扎克伯格

虚拟数字人已成为公众最接受的跨次元形式。随着元宇宙的发展,虚拟数字人有望成为元宇宙等产业版图中最先发展并规模化的产业形态。服务型虚拟数字人成为元宇宙基础要素,身份型虚拟数字人则拥有独特的身份标签和商业价值。例如,A-Soul 女团有不断进化的演艺经历,各成员性格迥异、特点鲜明:嘉然(Diana)浪漫、善良、细腻、感性;珈乐(Carol)敏感、直率、不善社交、性格慢热、对喜欢的人和事充满热情。在商业化方面,从虚拟数字人发展趋势来看,元宇宙为虚拟数字人提供了前所未有的舞台、空间和推动力。

第一,虚拟数字人 + 影视。

元宇宙的实现与应用带来了新的信息传播方式,现实与虚拟的界限将弱化,虚拟演员、全息呈现和实时交互得到渐次应用，影视作品由此呈现前所未有的交互性、开放性和全新空间。

**重构全新数字化虚拟时空。**在元宇宙构建的虚拟世界里，用户可以利用头戴式显示设备、智能传感设备借助虚拟空间的"虚拟数字人"，全方位还原与再造一个高度仿真的世界，跨越现实与虚拟的壁垒，进入影视叙事空间，体验故事情节，感受作品的精神内涵，破除影视对还原现实的阻碍。目前，市场上的部分交互性影视作品一定程度上具备了超文本影视的初级特征。Netflix交互电影作品《黑镜：潘达斯奈基》为观众设置了选择剧情走向的节点，在观看过程中，观众可以根据自己的选择对故事文本进行拼贴与重组，最终获取不同的结局呈现。芒果TV的综艺节目《明星大侦探》推出互动情节，邀请用户一起破案，用户从观看角度转到沉浸式参与破案过程，还可以根据用户的推理选择对应不同的破案结局。未来，随着虚拟数字人不断进化，一旦突破恐怖谷，一些科幻电影中的场景将会走向现实。从最早的《头号玩家》，到迪斯尼的《创》系列，以及《失控玩家》，元宇宙作为载体和形式，使得影视虚拟时空和现实互动、互通，并最终成为我们或者特殊群体的生活形态。

**元宇宙促动影游融合。**传统影游世界中，观众只能观赏影视作品，无法具象化参与。观众无法突破传统影游作品的"第四堵墙"——在传统三壁镜框式舞台或影视银幕中虚构的"墙"，这堵墙昭示着观众和演员、现实和虚拟的界限。与此不同，具有元宇宙先锋形态的Roblox交互性实践探索带来了关于影游无缝融合的可能性和可行性。Roblox提供工具和方法，用户自行参与和开发游戏，高度的自由性与交互性让玩家体验到创建游戏剧情与玩法的乐趣，从而使得观众从"局外人"变成"局中人"，自我具身化的经历和体验丰富多彩的剧情，将最终产生全新的全息化沉浸感。无论是用户借助"虚拟数字人"进入影视的叙事空间，还是用户以第一视角畅游在游戏中，无疑都是对Ⅰ类（卡通—身份型）或Ⅱ类（真人—身份型）虚拟数字人的延伸和突破，进而破除影视和游戏对还原现实的有形阻碍。

**第二，虚拟数字人+传媒。**

传统文娱产业长期积淀的品牌等价值，以及用户群体和粉丝基础等资源优势，有利于减弱用户面对新颖技术的抵触心理，提升用户对于元宇宙和虚拟数字人的接受度、感知有用性、感知易用性，更顺畅地实现新老技术手段的融会贯通。大量的数字孪生、虚拟主播等成功试水，表明传媒业是目前技术可行性、营利性和规模化更可行的领域。各大跨年晚会有虚拟数字人形象、真人的数字孪生，如邓丽君的虚拟形象在江苏卫视跨年晚会实现同台合唱；中央电视台、新华社和人民网等试水虚拟主播；中国空间站迎来全球首位数字航天员小诤。虚拟数字人+传媒频频擦出火花，成为元宇宙的先行创意演艺形式，这得益于积淀的品牌资产和粉丝基础。文娱产业不仅在虚拟数字人的 IP 生成等方面先行一步，在技术、内容等核心资产方面也同样占据得天独厚的优势。

**第三，虚拟偶像：从真人的数字孪生到新世代的虚拟偶像。**

虚拟偶像作为虚拟数字人的先锋，是当下元宇宙发展最突出和显著的突破口。虚拟偶像在互联网等虚拟场景或现实场景进行演艺活动，其本身不具有实体人物形象，但具有参与性强、无负面信息、可塑性强、风险可控等特点。虚拟偶像早期以二次元偶像为代表，如日本的初音未来、中国的洛天依；随着技术的发展，超仿真虚拟偶像破土而出，目前比较成功和探索的典型代表有国风偶像柳夜熙、虚拟偶像代言人翎、华纳音乐签约的首位虚拟艺术家哈酱。江苏卫视 2022 年跨年舞台上，邓丽君的高清虚拟形象和周深共同演绎了《小城故事》《漫步人生路》和《大鱼》，荧屏上的邓丽君虚拟形象外观几近乱真，神态与动作向原型靠近。这种虚拟数字人穿越时空的尝试，这种科技带来的视听盛宴，令人流连忘返，恍若隔世。

**第四，虚拟数字人 + 商业。**

虚拟数字人 + 影视、虚拟数字人 + 传媒，以及得到业界垂青的虚拟主播，都是得益于新技术发展的产物，而新事物能够衍生新消费、新需求，演化新产业、新模式。虚拟数字人本身就是元宇宙重要的发展方向和应用场景，随着虚拟数字人理论和技术不断发展，不仅收获了口碑和可喜的商业化成果，最终也将主导和引领全新的商业形态和模式变革。基础层和应用层的技术发展会助力前端新需求的蜕变，最终应用范围和产业将不断扩大，商业模式持续演进和多元化。例如，虽然 AR 技术商业应用一直乏力，但随着 AR 游戏 Pokemon go 上线，玩家通过智能手机在现实世界抓捕、战斗并交换神奇宝贝，游戏上线 19 天就获得全球 5 亿用户，累计收入超过 380 亿美元。在元宇宙之前的时代，产业演进和变革沿着上下游、跨界和平台生态多元发展，未来的创业者和企业家要在实体市场和虚拟市场建立属于自己全新的数字孪生企业，Oasis 和 Stacks，虚实之间、虚实一体和分体，如果再考虑一种类似 NPC 的 AI 进化，甚至类似《创》出现，那么一种全新的竞争形态将会出现，最终胜出的是实体市场和虚拟市场的创新协同、协作和领导能力更强者。

## 元宇宙视域中的虚拟数字人未来

有的人从《战争与和平》里看到的只是一个普通的冒险故事，有的人则能通过阅读口香糖包装纸上的成分表来解开宇宙的奥秘。

——电影《超人》

2021年是元宇宙元年，2022年元宇宙声势浩大。不同于以往的消费者被动接收信息和设定，元宇宙的用户既是创造者又是体验者，类似Roblox有机结合开发者长处和游戏玩家优势，叠加社交网络的生态效应，在游戏玩家规模扩张的同时，由于用户生成内容（User Generated Content，UGC）激励和正反馈系统，玩家和开发者界限模糊，更多玩家演变成开发者，形成正向飞轮效应，因此元宇宙最终进化成为生态系统。作为新生事物，元宇宙和其他任何新生事物的诞生与发展路径类似，如何最大限度发挥元宇宙在激发个体、社会活力等方面的巨大推动作用？如何在促进良性发展的同时，防止出现既往新兴业态一放就乱、一管就死的局限，从而建立适合我国国情的元宇宙治理体系？如何把握元宇宙"命门"，布局数字经济新赛道、抢占数字经济新高地，做强、做优、做大我国数字经济？凡此种种，都是我们当下需要系统思考的命题。

**加强关键核心技术研发和基础设施超前布局，谨防"卡脖子"。**在元宇宙的虚拟世界中，无论是游戏规则还是商业建设，每一个环节和商业突破都需要技术的支撑来实现。扩展现实和数字孪生技术关系到元宇宙接入和沉浸式体验感知；实时渲染、数字孪生技术关系到虚拟用户的高仿真互动；区块链给用户在虚拟世界的相互识别和互动提供支持；强大的云计算、无线通信（5G、6G等）技术支持虚拟世界向现实世界持续运转和实时反馈；人工智能更是元宇宙领域需要破冰领航的关键技术。美国是元宇宙的开拓者，中国紧紧追随，元宇宙的发展有跟风和偏应用端趋势，如何注重核心技术的创新和发展、谨防再度出现"卡脖子"现象，是当下必须思考、亟待解决的问题。

**以用户为中心而非以资本市场为中心，少玩概念、多创造价值。**元宇宙的出现迎合了当下技术渴望新产品、资本寻找新出口、用户期待新体验三个现实层面的需求，但当前中国的元宇宙绝大多数还处在概念预设、思想准备、原型设计阶段，从业者要有战略思考，以用户为中心来思考和布局元宇宙，杜绝以上市为元宇宙经营的终极目标，更不能跟风造概念圈钱，甚至打着元宇宙的旗号进行非法集资、诈骗。"元宇宙投资项目""元宇宙链游""元宇宙房产""元宇宙虚拟币"层出不穷。元宇宙试图以感官为媒介构建一个基于现实的虚拟平行世界，代表着人类社会对虚拟与现实进一步融合的美好期待。对于这种美好的商业未来和创想，企业和资本要有长远眼光，把关注点落到更好地为用户提供创造良性的元宇宙环境及适合消费者需要的创新产品上，共同创造美好元宇宙。

**构建包容和审慎型元宇宙监管和治理体系，制定相关规则和行业标准。**元宇宙的目标是为用户提供一个开放的、不受束缚的、沉浸式的环境。元宇宙本质仍是一个社会，那就需要有一定的规则。元宇宙所创设的虚拟角色在虚拟环境中的自我表征会影响用户在现实世界中的真实行为，如一些游戏要求玩家执行他们在日常生活中通常不会参与的行为，甚至是偷窃、谋杀等。若用户不加限制地在元宇宙中随性而为，将其正负面影响投射至现实社会，就会反射性地破坏现实世界的理性、潜移默化地改变用户的道德认知和行为准则，从而影响甚至破坏既有社会秩序。因此，要防范产业初期的任性发展、包容初期的无序和多主体差异化需求，而非简单过渡到强势治理。要通过多方合议并建立"红绿灯"制度，减少盲区和盲点，增强产业发展和治理预期性，最终提升治理成效，构建符合元宇宙发展的公共秩序。元宇宙可能是梦想家的创造，是一个全新的世界，但更重要的正如《头号玩家》中所言：既然你造出了人们想要和需要的东西，那就得设定限制，制定一些规则。

## 参考文献

[1] Crolic, Cammy, Felipe Thomaz, Rhonda Hadi, Andrew T. Stephen. Blame the Bot: Anthropomorphism and Anger in Customer-Chatbot Interactions[J]. Journal of Marketing, 2022,86(1): 132-148.

[2] Garvey, M.Aaron, TaeWoo Kim, Adam Duhachek. Bad News? Send an AI. Good News? Send a Human[J]. Journal of Marketing, 2022, online first.

[3] Holzwarth, Martin Chris, Janiszewski, Marcus M. Neumann. The Influence of Avatars on Online Consumer Shopping Behavior[J].Journal of Marketing, 2006,70(4):19-6.

[4] Luo Xueming, Shaojun Qin M, Zheng Fang, Zhe Qu. Artificial Intelligence Coaches for Sales Agents: Caveats and Solutions[J].Journal of Marketing, 2021,85(2): 14-32.

[5] Longoni, Chiara,Luca Cian. Artificial Intelligence in Utilitarian vs. Hedonic Contexts: The "Word-of-Machine" Effect[J]. Journal of Marketing, 2022, 86(1):91-108.

[6] Lin, YuTing, HerSen Doong, Andreas B. Eisingerich. Avatar Design of Virtual Salespeople: Mitigation of Recommendation Conflicts[J]. Journal of Service Research, 2021,24(1): 11-159.

[7] Miao, Fred, Irina V. Kozlenkova, Haizhong Wang, Tao Xie, Robert W. Palmatier. An Emerging Theory of Avatar Marketing[J]. Journal of Marketing, 2022,86(1): 67-90.

[8] Suh, Kil-Soo, Hongki Kim, Eung Kyo Suh. What If Your Avatar Looks Like You? Dual-Congruity Perspectives for Avatar Use[J].MIS Quarterly, 2011,35(3): 711-729.

[9] Luo Xueming, Siliang Tong, Zheng Fang, Zhe Qu. Frontiers: Machines vs. Humans: The Impact of Artificial Intelligence Chatbot Disclosure on Customer Purchases[J]. Marketing Science, 2019,38(6): 937-947.

# 03

# 商学访谈

**开放与创新：元宇宙的中国发展路径**
访谈 | 沈阳  清华大学新媒体研究中心执行主任

**元宇宙除了技术，还应体现价值回报**
访谈 | 方军  《元宇宙超入门》作者

**躬身入局：让技术跟产业两个齿轮磨合**
访谈 | 王淮  线性资本创始人兼 CEO，地平线机器人、酷家乐、神策数据、思灵机器人等公司天使投资人

**元宇宙：关于梦想的商业模式**
访谈 | 王煜全  海银资本创始合伙人，得到 APP "前哨·王煜全" "全球创新 260 讲" "全球创新生态报告" 栏目主讲人

**创业博物馆的故事——2.0 版本**
访谈 | 苏菂  车库咖啡创始人，You+ 国际青年社区联合创始人，中关村创业博物馆馆长，中国 "双创" 的亲历者和观察者

**品牌力：设计与商业的互相成就**
访谈 | 童慧明  广州美术学院教授，前广州美术学院工业设计学院院长，BDDWATCH 发起人

赋能商学实践　　传播商业文明

# 开放与创新：元宇宙的中国发展路径

**访谈 | 沈阳　清华大学新闻学院元宇宙文化实验室主任**
**采编 | 编辑部**

　　《中华人民共和国国民经济和社会发展第十四个五年规划和 2035 年远景目标纲要》明确提出，"数字赋能美好生活""迎接数字时代，激活数据要素潜能，推进网络强国建设"，强调"充分发挥海量数据和丰富应用场景优势，促进数字技术与实体经济深度融合，赋能传统产业转型升级，催生新产业新业态新模式，壮大经济发展新引擎。"近期随着科技企业巨头争相布局、各级政府有序介入、全行业从业者广泛关注，元宇宙在 2022 年呈现"积极和渐进"的理性。

　　清华大学新媒体研究中心执行主任、新闻学院教授沈阳表示，"元宇宙可以和很多行业结合，如党建元宇宙、政务元宇宙、历史元宇宙、航天元宇宙、文化元宇宙、教育元宇宙、科普元宇宙等，元宇宙还可促进碳排放。元宇宙要实现的是在马克思主义指导下的虚实和谐。元宇宙时代带来的是从信息社会到体验社会再到共生社会，这个共生包括了人机共生、虚实共生等方方面面。"

　　但迄今为止，元宇宙的发展依旧充满坎坷。一方面，革命性的生产力提升需要巨量投资，以 Meta 元宇宙业务一年亏损百亿美元为例，其他巨头的投资未来也不会少于此量级；另一方面，元宇宙是多路径、多平台、多形态的，判断元宇宙是通过 VR、AR、全息投影还是脑机接口接入为时太早，现在没有人能明确指出一条最快路径。目前，可以确定的是，元宇宙不是完全想象的，而是通过多方平台的技术迭代整合实打实干出来的。

2021年9月至今，清华大学新闻与传播学院新媒体研究中心已经连续发布了两期《元宇宙发展研究报告》[①]。这两份报告从元宇宙的缘起、概念与属性、技术与产业链、场景应用、风险点及治理、热点七问、未来展望等角度，对元宇宙的发展进行深入的研究和分析，综合国内外各类学者、专家的观点，清晰且具体地对"元宇宙"做出界定，并形成业内外的行动参考指南。

《元宇宙发展研究报告》由清华大学新媒体研究中心执行主任、新闻学院教授沈阳及其团队具体主导。沈阳教授从事多个教学科研领域，包括新闻传播学、计算机科学、信息管理学，早在2007年就已经开始着手研究元宇宙，并发表过一篇相关论文——《虚拟社区与虚拟时空隧道》[②]。

我们可以看到，沈阳教授及其团队对元宇宙做出了定义，即基于扩展现实技术和数字孪生实现时空拓展性，基于AI和物联网实现虚拟人、自然人和机器人的人机融生性，基于区块链、Web3.0、数字藏品/NFT等实现经济增值性，整合多种新技术产生的下一代互联网应用和社会形态，在社交系统、生产系统、经济系统上虚实共生。

**《上财商学评论》：元宇宙在互操作性和开放性上有哪些解决方案？**

**沈阳：**我所看到的互操作性可以从三个层面进行理解。

第一个层面是技术的互操作性。这是在目前的互联网进行升级而建立的一系列技术标准，最具有代表性的是从5G到6G的升级，大家要在一个统一的平台上进行数据的传输，那么技术的互操作性更多的是因为技术推动它不断前进。世界上并没有一种技术称为单纯的元宇宙技术，它是现有几十种技术的一个组合和进一步升级，因而在技术上的互操作性，更多来自现有的各个行业协会、标准委员会、大型公司对各类技术标准的制定。

第二个层面是社会伦理的互操作性。直观地说，好比一款国外游戏能不能进入中国市场、符合中国人的"三观"，或是某款游戏的设定能不能让所有年龄层的人使用，这些都这个层面需要考量的。

第三个层面是经济系统的互操作性。从现在来看，元宇宙已经包含了一部分区块链逻辑，元宇宙和Web3.0、NFT、DAO之间有包含的关系，也有重叠的关系，还有一部分差异的关系。所以，我们可以以某种货币作为一个中介型货币，然后根据该经济系统的规则进行价值交换。

**《上财商学评论》：中西方对于元宇宙的理解有哪些共性和差异？**

**沈阳：**中西方对元宇宙的理解确实有着明显的分歧，但也有一些基本的共

---

[①] 元宇宙发展研究报告[EB]. 2021. https://www.sohu.com/a/511077648_453160?scm=1019.e000a.v1.0&spm=smpc.csrpage.news-list.16.1649395887234BkNNoNI.
元宇宙发展研究报告[EB]. 2022. https://www.sohu.com/a/518840577_152615.

[②] 沈阳. 虚拟社区与虚拟时空隧道[J]. 情报杂志, 2007(4).

识。我们针对认知交集比较大的部分共识做一些凝练，分别是三化、三性和三能。

三化，即三维化、三元化和三权化。三维化，元宇宙是三维化的，未来的交流基本是以虚拟人的形式展开，虚拟人也正是为元宇宙虚拟化时空准备的。这是最容易达成的共同认知。三元化，是虚拟人的实体化，这是元宇宙由虚向实的转化后必然会出现的结果，即高仿机器人，从而构成虚拟人、自然人、机器人的三元一体。举例来说，任何一个生命在元宇宙时代必然是三元化的，就像一只猫，它可以是自然猫，也可以是虚拟猫、机器猫，从这三元一体化的猫就体现了有一套统一的元宇宙驱动引擎。三权化，源自Web1.0的可写、Web2.0的可读、Web3.0的可拥有所带来的三种权力。

三性，是从三化的基础上衍生出来的。从三维化可以导出时空拓展性，时空比现实得到拓展；从三元一体化导出人机融生性，即人和机器高度融生；从三权化导出经济增值性。这三大属性是区分元宇宙真伪的标准。

三能，是通过三性做的能力提升。一是时空智能，当下不少名称中含有空间智能的公司是根据元宇宙的这一特性来命名的，我们在元宇宙的定义中把搭建元宇宙环境为主的统统归类为时空智能。二是生命智能，每一个自然人通过智能穿戴设备或其他外骨骼系统，就是自然人自身的生命智能，而虚拟人的生命智能则包括它的表情、外貌系统、内骨骼系统，就像英伟达推出的游戏里虚拟人的制作，可以基于人工智能进行深度学习。总体而言，自然人是加外骨骼系统，虚拟人是加内骨骼系统，机器人是加AI系统。简而言之，是真实生命在虚拟世界利用虚拟人干活，在真实世界由机器人工作，自然人被完全解放。三是合约智能，就是元宇宙经济体系，尽量让每个人能够掌控自己的数字资产、数字ID、数字形象，尽量使得每个人的数字劳动和数字收益是匹配的。

此外，我不认同的观点也有一些。例如，有人认为元宇宙是一个时间点，认为生命在元宇宙中所处的时间超过在现实世界的时间就是元宇宙，这不是元宇宙的本质，如果单纯地如此定义，核聚变和量子计算都可以被称为元宇宙。

《上财商学评论》：元宇宙现在属于产业发展的早期，那未来我们要如何构建元宇宙，从何处着手？

沈阳：这个过程有个基本逻辑，我们称之为以点带面。当下，我们的各类应用其实都是零散的应用，还谈不上是一个宏大的整体，更没有到独一无二的全球一体化的元宇宙。距离目标的实现，还很遥远。我们现在处在去中心化、多中心化、一中心化阶段，是逐步博弈的过程，也是元宇宙发展长期历史阶段的早期。我们要做好元宇宙肯定要进行充分的试点，以点带面，这是基本逻辑的第一逻辑。第二逻辑是以用促建，就是在使用的过程中定义元宇宙，以使用来促进建设。我们现在的思维都很活跃，想象多种形态的元宇宙，但元宇宙究竟是不是这样并不确定，元宇宙的最终形态还需要在使用各种应用的过程中进行定义，所以元宇宙是做出来的，不完全是想象出来的。第三逻辑是以规防险，就是要做到以各类规章制度、法律法规来防止风险。每一个新生事物的产生都必然会面临很多问题，就像经济系统问题肯定会引发经济风险，虚拟人的深度伪造也一定会引起肖像权的争议，这些问题理论上都可以通过规定来预防。

从这一逻辑出发，大公司必然要有更多的付出，最有代表性的就是要加强基础设施建设，这需要很大的投入且亏损很长时间才能看到收获。对此，我们回顾过去，互联网发展中的阿里云计算、京东电商平台等诸多企业都是亏损了很多年。所以，开发元宇宙项目切记不能有急躁心理，这是一场持久战，目前国内外都还没有到能赚钱的阶段。另外，决定元宇宙发展的还有现有的技术，这需要进一步的大规模深入研究。我们对手势的控制、对三维化物体的操作、眼动识别、虚拟人的引擎等技术积累还不够，都存在着很多可以做的工作。这个过程也需要大小并进，大公司可以更多地投入基础平台的开发，小公司可以在单点创新上取得竞争优势，以2B的应用普及带动2C的应用推广。

要重点提的是，元宇宙和移动互联网的重大区别。移动互联网一开始大多是2C的，是用来服务普通老百姓的，是到了进入互联网下半场的2016年企业才开始注重产业互联网，所以移动互联网都是2C到2B的，但这在元宇宙的开发过程中未必行得通。更多的是要从2B向2C转换，先在各自的细分领域中使用。就像不久前，美国陆军授予微软公司一份高达219亿美元的订单，微软公司将为军方提供至少12万套头戴式的MR设备。该"头盔"无须纸质地图即可规划作战任务，夜视和透视性能都大幅提升。当下，只有在专业性用途才上会出现如此大规模的订单，在民间仍是难以复制的。所以，元宇宙的产业路径一定是从小众走向大众的，未来很大程度上，VR会替代现有的个人计算机，AR会替代手机，手机会逐步退化成计算设备而不再是交互设备。当全球AR/VR头戴设备市场的出货量超过5 000万部时，将会逐步达到"分众"水平。如果以目前的产品对标，那么将来AR设备的市场容量在全球会超过50亿套。

**《上财商学评论》**：关于"在元宇宙里不用考虑物质和能源，只需考虑创意和算力"，您能给我们解析一下吗？

**沈阳**：在元宇宙里，我们可以理解所有的事物和现实世界都是相融相生的。在这个三维化的时空中，无论是要建一栋1 000层的楼还是建一栋10 000层的楼，都没有任何问题，只需要进行分辨率高一些的描画就可以实现。这个过程也是极简单的，只要先建好一部分，随后用倍增法进行复制，百层千层万层一眨眼就能够完成。仔细思索这个过程，意味着什么？在现实世界，如果要搭建同样的高楼，以目前自然世界的极限约束是很难实现的，我们会被诸如人的能力、金钱、材料、重力等众多条件所限制。

但是，在元宇宙中这些都不是问题，因为考验我们的既不是物质也不是能源、材料，而是来自人类的创意和算力。元宇宙早期很多东西都是参照真实世界模仿的，等到元宇宙成熟的时候，你会发现它是一个独立的时空，可以构造与现实完全不同的世界。所以，不要用当下的思维思考元宇宙，如果仅仅是在元宇宙分配一间自由的房间，那和现实世界又有什么区别。这始终是真实世界的分配逻辑或是共生世界的分配逻辑。

元宇宙不是一个企业、一个集团或某一群人建成的，它一定是全世界所有人共同建设的。人类认知的新陈代谢速度在元宇宙会远高于真实世界。在虚实共生的元宇宙中，人类将创造极丰富的精神世界，它将极大地满足我们的精神需求。因为能源和物质在元宇宙是抽象的，只剩下算力所构建的信息，人类的想象力在元宇宙得到巨大释放。人类

能够在元宇宙中以极快的速度创造一个前所未有的文化和精神的全新世界，尽管这个新世界的事理、伦理和心理很大程度还是来自传统社会。从这个角度来说，元宇宙极大地解放了我们的精神世界，极大地降低了我们享受相同精神愉悦情况下的能源和物质消耗。所以，我们在元宇宙中要做的就是尽情地释放自己的想象力。当然，这始终绕不开的还是算力约束，某种程度已存在和能源、物质的相关性，但从元宇宙的角度来说，它被隔离掉了物质层和能源层。

**《上财商学评论》：元宇宙未来是否应该有开放式的开源技术站，包括开发的底层操作系统平台，您对此怎么看？**

**沈阳**：元宇宙与当初的移动互联网类似，是人类在信息技术产业领域的又一次生产力大提升。从移动互联网的发展看，已经进入后期，这是一个比较饱和的时期，开始要逐步被智能眼镜替代。我们从观察未来市场格局出发，可以从移动互联网获得很大的启发。移动互联网有三种模式：一是苹果公司模式，先把自身打造成一个圆满的生态，然后让别人来使用，称为"我即宇宙"；二是开源模式，代表企业是谷歌安卓，把初步生态建设好让更多的人来一起使用完善，进而达到一种圆满，称为"宇宙即我"；三是当下华为在走的路，打造开源平台的同时自己也开发智能设备，称为"我和宇宙"。

可以想象，未来的元宇宙一定会延续这三种模式，但必然是有一家很大的公司做出非常好用的软硬件一体化的平台。走第一种模式的多为类似Facebook、苹果、今日头条等公司。走第二种模式的是谷歌，开发的AR操作系统依然延续谷歌以往的风格，走开源路线以弥补硬件不强的短板。而微软一直在做闭源系统，虽不算完美，但有从原平台迁移过来的黏性，所以微软还会沿用原先的运营方法。从中国角度出发，我们希望有一个鸿蒙系统，华为能不能在三维化构建、AI方面有更好的转型，决定了华为能否借机弯道超车。

我们的短板比较明显：一是底层操作系统，华为鸿蒙在改版，希望它能取得更大的成就；二是时空构建引擎，游戏引擎由美国垄断，这是我们一个较大的短板；三是CPU、GPU和集成电路，要打造一个比较好的元宇宙，算力至少要提升1 000倍，按照摩尔定律大概还要十多年。希望在这十多年中，我们能真正地抓住窗口期，通过一代人的努力，在核心关键技术上取得突破。

**《上财商学评论》：从内容角度来讲，未来的内容会有怎样的发展，又该如何设计呢？**

**沈阳**：我们将从文本内容过渡到三维化的时空内容。这早就在发生改变了，从推特缩短文本表达开始，人类的内容设计进入了重要转折点，信息交流的便捷度得到极大的提升。在我国，经历微信公众号、微博、抖音短视频的逐步演变，证实每一代对能力的要求不一样，而这些都不是元宇宙需要的。元宇宙真正需要的是时空流，即人类将进入一种时空流的状态，如何打造一个好的时空流至关重要。例如，如何在具备VR功能的设备中实现让帅哥走来，就要进行深度研究，现在的手机信息流量是无尽信息流，用手刷一下能看到一个帅哥，在元宇宙肯定不需要用手刷，那该如何实现？用语音还是眼神，就很值得探讨，到底怎样做才能在某一个时间序列里给人以最精致的表达和最强的沉浸感、体验感。

我们未来制作内容的优势主要体现在两个方面。第一，中国在移动互联网领域做了很多创新性的尝试和突破。例如，短视频下载量全球第一，直播带货和网红的生态模式，从天涯到微博再到微信公众号、短视频、大V、大号商业模式，在全球范围都是比较有特色的，手游和仙侠小说也很流行。在中国移动互联网时代，我们很多应用在全球范围真正做出了影响力，在微创新方面也有巨大优势。第二，一些特殊的内容IP，以及IP商品在全球范围内也有影响力。我们有自己的特色。

**《上财商学评论》：若更多国家和地区在"元宇宙"这一新战场展开博弈，那么元宇宙时代国家如何行使主权？国家关系的区块链化和元宇宙化是否会成为一种潮流，特别是国家权力的区块链化、国家形象的虚拟人化、国家经济的Web3.0化？**

沈阳：我不久前发表的相关文章里提到巴巴多斯在元宇宙开设了大使馆，大使馆的作用是基于某个国家对土地所有权的承认。我们假设有第二个国家进入这个元宇宙建立自己的大使馆，他们双方承认彼此，那么这个双方承认并不是这个国家对这块土地的所有权，而是两个国家对元宇宙里这块地方私钥的控制权。它转变成了一种区块链技术所赋予的一种权利，这是未来元宇宙时代国家

权力的巨大变化。对于一些国家和地区加入元宇宙，我们可以有以下判断：

第一，与个别中小国家乐于采用比特币作为法定货币相似，这类国家更愿意带头尝鲜，在元宇宙平台中开设国家机构和媒体平台，因为至少可以产生流量品牌价值，当然也不排除这些新兴平台给予中小国家一些优惠政策，双方各取所需。

第二，这类国家既然愿意在Facebook、推特等平台开设账号，也必然愿意在基于区块链的平台中开设账号。首先，元宇宙平台房地产区块是有限的，目前美国元宇宙中的虚拟房地产前四大平台可售总房地产共计268 645块，先到先得。从经济看，存在血本无归的风险。其次，在基于区块链的平台中开设账号，平台方基本不可能删除账号。最后，在这类新兴平台建设大使馆、发布内容，能刷新国家形象，让自己的国家显得更追随潮流。

第三，这类国家本身人口不多、实力不强，不太可能研发元宇宙核心技术。因此，较好的策略是率先应用好新技术。对高科技发展感兴趣的中小国家，可以采用相对激进的策略，以快速提升生产力，获得更多的国际比较优势，从而吸纳更多的资本、技术和人才，实现国家的进一步发展。

若更多国家和地区在元宇宙这一新战场展开博弈，将产生以下趋势：

"元宇宙"是否建成，取决于研发和应用最快的国家。目前，美国的投入力度相当大，元宇宙的发展很大程度上取决于美国公司的进展，在不确定性创新方面美国进展更快。虽然2021年 Meta 在元宇宙的投入不少于100亿美元，但也不一定意味着VR元宇宙能成功，此外也要关注微软、苹果、英伟达、Neuralink、Niantic 等公司的AR元宇宙、脑机接口等交互形态的进展。

元宇宙应用需要和生产力水平匹配，在没有实力基础支撑的情况下，大谈风险、危害和红利都有点空。苹果入场将是元宇宙之战的真正开始。中国企业在移动互联网时代有不少领先，如短视频、直播带货、手游等，下一步可结合元宇宙再创新。元宇宙经济进展很快，是当前最活跃的部分，对此也应该加强研究。在元宇宙时代如何行使主权是个有趣的问题，其所带来的变化可能是颠覆性的。传统模式下，一国在另一国设立的大使馆是由所在国保护的，所在国通过对土地和房屋的保护来确保另一国大使馆的正常运作，当两个国家没有外交关系时，所在国可能不会给予另一国外交保护。但是，在NFT和区块链的世界中，大使馆的设立可以超越时空的限制和平台的管控，只要全球基于区块链的计算机还在运行，理论上说，这个国家的大使馆就不可能被关闭。大国的力量和国际规则被算力的智能合约所取代，这恐怕是人类历史上的第一次。

某个政府通过智能合约获得虚拟房地产世界中的大使馆领土、利用私钥掌握自己的数字资产。一旦采用这一策略的国家进一步增加，外交关系的智能合约化会不可避免地出现。一旦某个政权垮台，只要掌握私钥的人员不交出私钥或修改内容，这个国家的大使馆将和世界计算机同生共寿。无疑，在元宇宙的世界中，将存在形形色色属于现在国、过去国、未来国的各类主权数字资产。

当更多的国家互相承认这种数字大使馆的合理性时，就对威斯特伐利亚体系来了一次元宇宙升级。《威斯特伐利亚条约》体现了现代文明中关于国家的概念，它以条约的形式肯定国家主义的国际体系，主权逐步代替神权。在元宇宙主权内，这种相互承认则是对私钥控制权的承认。假以时日，采纳的国家越来越多，私钥权或者说由元宇宙的数字资产演变的数字权力，将正式登上人类历史舞台。国家关系的区块链化和元宇宙化可能成为一种潮流，特别是国家权力的区块链化、国家形象的虚拟人化、国家经济的Web3.0化。那么，这一波元宇宙浪潮，将是一次大变化的启幕。

*《上财商学评论》*：*任何一个赛博空间都有城乡差距，我们现在看到的所有赛博朋克的描写都带有某种反乌托邦情结，如工业发展到极致，但世界遭遇毁灭、地球面临终结的想象。去中心化的自治组织能否帮助农民使用网络技术，元宇宙如何使普通大众获益？*

**沈阳：** 任何平台的发展都会使众人的基本权利有所提升，也会带来监管精准化能力的提升。元宇宙的发展一样会有两面性，但整体的提升肯定是很明显的。以外貌为例，现实世界中长相难看的人一定会吃亏，但在元宇宙中外貌可以重塑。元宇宙实现了人类的平权，即外貌平权、肤色平权、语言能力平权等，这意味着人与人的差距被无限缩小了。

当然，人们进入元宇宙还是有一些角色的差别。有算力的控制方、智能合约早期算法的规定者自然而然地成为元宇宙的统治者，这些是第一层面的人。第二层面的人，是创意贡献者，谁有更好的创意谁就能获得更多的关注，当一个创意型IP形成一定关注度后，就会扩大这种优势，再加上算法的推荐，优势会被逐渐放大。这或许也会慢慢形成不完全平等，希望能在技术普及、流量普惠的原则下推动元宇宙的发展，就需要支持流量某种程度集中的同时希望流量能够普惠到普通人。第三层面的人，是参与元宇宙的绝大多数普通人，他们的数字劳动和数字收益需要取得更平等的交换。第四层面的人，是绝对躺平者，我们不能放弃这些人，应当制定相应的低保来维持整个社会的和谐。整个过程中，国家和社会、行业协会、社会伦理都可以在发挥较大的作用。

**《上财商学评论》：清华大学的元宇宙报告对上海的政策制定产生了较大的影响，您对上海元宇宙产业发展有哪些建议？比如对创业者在政策上需要有哪些倾斜、免税或是一些扶持？**

沈阳：众所周知，上海最强的是金融业。首先，在金融、经济等领域，上海当仁不让地要在元宇宙中发挥领导作用，可以主抓元宇宙的经济体系；其次，上海及长三角在关键技术方面有很强的优势，如芯片制造、显示设备、产业链配套等，未来可以成为全球元宇宙研发的产业集群区域；再者，江南具有独特的文化吸引力，在文化经济体系中可以培育创作者经济，创造、创新、创意都是很好的切入点。

对于决策者而言，在招商策略出台之前要做一个全方位的产业链分析，针对产业链、价值链、供应链及生态链等做一些详细的分析，明确上海和长三角在这个领域的优缺点，对分析结果进行针对性的弥补，以免在未来的产业竞争中出现明显的薄弱环节。所以，重中之重是需要进行进一步的产业分析，用数据说话。一直以来，清华大学积极展开此类活动，并且已和江苏、湖北、北京等地展开了类似的调研合作。

# 元宇宙除了技术，还应体现价值回报

访谈 | 方军　《元宇宙超入门》作者
采编 | 编辑部

"元宇宙"这个词最早的出现，可以追溯到1992年尼尔·斯蒂芬森创作的科幻小说《雪崩》。那时人们普遍认为，未来控制世界的人是写操作系统的人，是类似比尔·盖茨这样的技术创新者。但尼尔·斯蒂芬森在小说里却设想，未来控制世界的是一家送外卖的公司。有意思的是，他设想，未来有影响力的人是披萨外卖骑手，他们开着能将物体送上小行星的黑科技车辆送货。进入移动互联网时代后，我们惊奇地发现，他某种意义上正确地预测了未来。

小说中，主人公在实体世界里是一名外卖快递员，当他回到家中，戴上类似虚拟现实头显的头盔、连上电脑，就生活在虚拟的世界里。尼尔·斯蒂芬森把这个由计算机创造的世界称为"Metaverse"，最早在中文版小说里被翻译为"超元域"。2021年，这个词被重新翻译成"元宇宙"，顿时激起了人们对数字化未来的热情。

面对汹涌而来的元宇宙时代，我们应该如何正确认知？著名元宇宙作家方军给我们提供了一个观察元宇宙的视角。

作为一位资深的产业媒体人和作家,以及一位优秀的元宇宙从业者,在方军看来,元宇宙实际上是延续近 30 年的信息化、互联网化、数字化的新浪潮,它正再次激发人们对于数字化未来的想象力与创造力。

方军认为,元宇宙 = 实体世界 + 数字世界,数字世界将和实体世界更紧密地融合一体、难分难解。数字空间将不再是平面的,而是变成三维立体的,这是虚拟现实、增强现实所带给我们的。对生活来说,我们将在三维立体的互联网中获得更身临其境的体验;对工作来说,有一部分人将率先在数字空间中完成工作,几乎不必再去线下的办公室。

方军关于元宇宙的观点分为层层递进的四个部分。

第一,元宇宙 = 实体世界 + 数字世界,即元宇宙是由实体世界和数字世界两个世界融合组成的产物。

第二,元宇宙 = 立体互联网 + 价值互联网,作为对元宇宙概念相对较小的定义,除了对技术的关注,元宇宙更应该是一种让所有参与者都能从中获取到价值回报的产业形态。

第三,元宇宙是"机器—系统—网络"的组合,其中,作为支撑元宇宙最重要的网络,与当前的互联网模式有很大不同,元宇宙的网络模式需要由具有共识的新一代协议进行控制。

第四,虚拟世界、镜像世界、线上应用、线下应用被称为是元宇宙应用四象限,这四象限把互联网和未来的元宇宙联系到一起,并让诸多商业应用在元宇宙时代有了充分的可能和想象空间。

# 元宇宙 = 实体世界 + 数字世界

**《上财商学评论》：很好奇你是如何看待元宇宙的？**

**方军**：元宇宙（Metaverse）是关于数字化未来的叙事。在这之前，从不同的角度出发，IT界已经有过多种关于数字化未来的叙事，如1995年前后的"信息高速公路"、2000年左右的"Dot.com"热潮、2010年左右开始的"移动互联网"，以及更为宏大的"数字经济"与"数字社会"。

元宇宙最初的定义是：由计算机创造出来的、能够欺骗我们眼睛与感觉的所谓虚拟的世界。但现在谈元宇宙，人们通常谈的是由计算机与网络塑造的实体世界与数字世界的组合。我常用一个简单的等式来阐释未来的元宇宙："元宇宙＝实体世界＋数字世界"。

现在信息技术已经发展到了能够全面改造我们所处的"环境"，我们已处在一个逐渐无法分辨究竟身处实体世界还是数字世界的阶段。举个例子，我们每天在进行各种沟通，如会面、电话、邮件、网络会议、微信对话、社交网络，除非特别的情形，通常在隔了几天后我们很难明确区分一个对话是发生在实体世界还是数字世界。

这样的情形进一步扩展就是元宇宙。元宇宙是在实体与数字融合的当下，我们所展望的实体与数字全面融合的数字化未来。更具体地说，我们认为元宇宙是第三代互联网（Web3.0），它又可以具体地细分为立体互联网与价值互联网。

立体互联网强调用虚拟现实/增强现实（VR/AR）等技术给参与者带来三维立体的体验。价值互联网强调在数字空间参与者能够获得数字物品的财产所有权。在这样的新一代互联网中，更多类型的价值（即财产所有权）能够方便地交易、流转。这些数字空间中呈现的价值多种多样，如个人数据、艺术作品、知识产权、线上俱乐部的会员资格、一个网络的所有者权益等。

**《上财商学评论》：我们同样好奇，元宇宙是如何把数字世界融入现实生活的？**

**方军**：你可以发挥想象力——如果马斯克在火星上生病了，医生可以用数字身份登陆火星，为他提供远程的医疗安排。

有一天，勘测矿井的工人不用再进入地下，而是进入虚拟空间，那危险的地下环境就不是问题了。建筑师可以将脑海中天马行空的想象，变成一栋栋的数字景象，钢筋水泥不再对他们的创意形成束缚。虚拟空间中真实世界和虚拟空间的通道，正在被数字技术打通，这都是正在发生的现实。

我们也在积极地做类似的尝试，现在网红(内容创作者)是互联网的流量中心。最初设想，大家可能喜欢去网红的家里体验和交互，但用户还是对物理空间的装置更感兴趣，所以我们会做一些第三方的工具平台解决场景内容的供给问题。

以上都是即将成为现实的元宇宙应用场景。现实世界的很多事情已经可以搬到一个平行的数字世界中进行，而且参与的人更多、体验更好、流量更充沛、商业价值更高，这预示着一场现代商业的场景革命正在悄悄发生。元宇宙不是凭空想象出来的一个概念，而是深深扎根于数字经济创新进程的产物。

很久以前，华为首席信息官陶景文讲：什么是信息化、智能化和数字化？

信息化，是给现实世界拍一张数码相片。智能化，是可以对那张数码相片进行加工。数字化，是"数字平行世界"反过来影响现实世界，不仅要拍照、要加工相片，还可以用加工后的相片反过来给现实世界"整容"。所以，这是一个层层深入的深刻过程。

无疑，元宇宙是"数字平行世界"影响现实世界的一次重大创新。但这不是很多人想象中的创新"突变"，而是延续既有数字经济的创新方向。

当然，元宇宙并不只是AR和VR技术。AR和VR技术只是一种低维度的过渡，元宇宙最终将是数字资产、思想资产、体验资产和社交资产的全新组合。

## 元宇宙 = 立体互联网 + 价值互联网

**《上财商学评论》**：元宇宙会是数字化经济与生活的终极形态吗？它的底层逻辑是怎样的？

**方军**：如果将元宇宙的概念无限扩展，我们也许可以将其称为数字化经济与生活的终极状态，但我并不愿意这么看。科技是不断进步的，新的技术和新的需求在未来还会带来更激动人心的变化，我们对未来应该始终保持开放的心态。

更重要的是，我希望将元宇宙界定得相对较小，如"元宇宙=立体互联网+价值互联网"这种相对较小的界定。这样可以帮我们看清较近的未来，看清元宇宙可能带来的产业发展，以及现实应用的可能。

2021年是元宇宙在技术和产业上突飞猛进的一年，而从2022年看，我们可以认为元宇宙到了爆发的临界点。这是因为它已经走到了界面与应用的阶段。

一个技术相关产业的发展往往会经历三个阶段：一是技术创新阶段，它的影响范围局限在实验室与少部分对技术关注的人；二是基础设施阶段，技术开始向工程化方向发展、各种相关技术基础设施开始构建；三是界面与应用阶段，前两个阶段的积累使得普通用户可用的界面和应用开始出现并进入公众视野。2022年的当下，元宇宙迈入了第三阶段。

用这样的视角观察元宇宙，我们会看到，虚拟现实/增强现实的可穿戴设备开始进入单品千万级的规模，渲染引擎与图形芯片结合起来在游戏等领域创造新体验[如网络游戏《堡垒之夜》联合美国著名饶舌歌手特拉维斯·斯科特（Travis Scott），推出一场名为"Astronomical"的游戏虚拟演唱会，吸引了1 230万人同时参加]，数字人民币、数字藏品及海外的NFT等价值互联网一侧的应用也开始有了普通用户可以接触的界面。在有了界面与应用后，一个技术叙事（即所谓的概念）才会激发公众、产业从业者、风险投资业者、政策制定者的想象与热情投入。

**《上财商学评论》：有专家认为元宇宙是未来创作者经济的载体，你认为它会怎样重构创作者经济的生产力关系？**

方军：元宇宙是构建一个实体与数字融合的新世界，让我们分不清是活在实体世界还是数字世界中，但我们又在其中获得全新的经济、生活、学习体验。立体互联网要解决的是，如何创造让我们身临其境的体验。价值互联网要解决的是，如何将实体经济与生活中的重要规则引入数字世界，其中，最基础性的是财产所有权，之后是做出贡献、获得回报的机制。

所谓"创作者经济"（creator economy）的实质是，进入数字与实体融合的新世界后，我们需要将实体经济与生活中每个人因创造与贡献而得到回报的一系列规则引入数字空间。如果这些规则还是像现在一样在实体世界一侧处理，就会拖住进入新世界的速度与程度。

在实体经济与生活中，财产所有权是基本的规则，而其上的一大类重要规则是每个人因创造与贡献得到回报。例如，我们在公司工作，获得的薪水收入；我们作为创始人、早期员工、做出贡献的关键员工，获得的股权或期权；风险投资人投入资金换取股份，在企业成功后获得的回报；我们在城市中购买住宅，因住宅增值而获得的收益；艺术家创作画作，通过画廊售卖获得的收入；网络文学作家创作小说，获得的版税收入和影视改编权收入；网络红人制作视频吸引粉丝，因流量获得的广告分成等。

在探索全面进入实体与数字融合的新世界的可能性时，有一小部分探索的就是解决以上这些问题。

首先，找到在数字空间实现财产所有权的技术手段。到目前为止，在大多数数字平台中没有财产所有权概念。以游戏为例，你在游戏中的道具是向游戏公司"租借"的，你不能将一个游戏中的道具带到另一个游戏中去。

其次，将因贡献得到回报的机制在数字空间中落实。当前的探索主要还是在狭义的创作领域，如文字、视觉、开源软件等，这就是为什么有人会用"创作者经济"界定这些尝试。我们也可以将这样的机制称为激励机制，它将众人的创作、贡献、回报协调起来。

再次，在有了财产所有权与回报机制后，很自然地会产生相应的交易及金融机制。在《元宇宙超入门》一书中，我以开源软件为例进行思想实验：开源软件是数字世界的关键基石，在某些方面甚至超过商业软件，如Linux开源操作系统。当前，程序员参与开源软件是出于贡献的热情，随着开源软件的不断发展，时常可以看到开源程序员和云服务公司之间的冲突，因为后者无偿使用开源软件并获利，而贡献者却一无所获。如果能在当前的开源软件机制中恰当地添加回报机制，让奉献者得到合理的回报，那么开源软件将有机会变得更好。

正如这个例子所讨论的，我们并不是要走回头路、用私有软件取代开源软件，而是在坚持开源与贡献的基础理念之上增加合适的回报机制。将这个案例扩展到所谓的广义创作者经济领域，我们不是回归到创作者保留所有权益的状态，而是延续数字空间中开放所有权益的状态。例如，我个人坚定地认为CCO（即开放所有权益）的版权协议才是最适合数字空间的。

## 元宇宙的支撑技术："机器—系统—网络"的组合

**《上财商学评论》：有人说在技术上，元宇宙就是现有技术的整合升级，你认为元宇宙时代的技术应该是什么样的？**

方军：元宇宙如果能够实现，它背后的技术基础设施必然是信息技术的集大成，计算机、芯片、通信等都是基础。站在现在的时点回顾与展望，有三类具体的技术支撑元宇宙的发展。

第一类是计算机图形学相关的技术，包括虚拟现实、图形芯片、图形引擎等，它们的任务是在我们眼前创造一个如真如幻的世界，并让我们能够自然地与之交互。

第二类是互联网相关的技术、协议与应用，它们为信息互联而生。信息互联网已经将我们紧密地连接在一起。

第三类是与区块链技术相关的技术，它们可用于财产所有权、个人持有数字财产所有权，以及点对点的价值转移，从而为构建价值流动的网络提供最基础的技术手段。

我们每个人都生活在一个被技术塑造的社会中，有些技术是看不见或不被注意的，如非停电我们不会明显感受到电的存在；有的技术是明显地存在于生活中，如我们的手机。以元宇宙为名的浪潮将进一步深刻地改变技术，因此，我们应想办法全面理解"技术的样子"，而不能只看到那些已经呈现的技术产品。

最容易理解的"技术的样子"是手机。它是一个机器，是各种技术的集大成。如果只有硬件，手机就不是手机，它需要操作系统的支撑，"系统"是技术的另一个样子。我们也都知道，只有硬件与系统并不够，手机还要在网络中：在电话网络中，让我们可以打电话；在互联网网络中，我们可以用各种App连接人、社区与服务。手机这个例子，很典型地体现了元宇宙技术的三个样子——机器、系统、网络。

人们看元宇宙时，最初往往容易被"机器"吸引，如Facebook的VR头显、微软的Hololens混合现实（MR）眼镜等，这些设备成了关注的焦点。很快我们会发现，元宇宙其实要从网络（更具体地是立体互联网与价值互联网）的角度出发，才能更好地设想：元宇宙时代来临后，被技术塑造的世界会变成什么样子？

**《上财商学评论》：从技术生态演进的角度来看，经历了从操作系统生态到平台生态的过程，协议生态刚刚兴起，元宇宙的终极将走向哪里？**

方军：元宇宙是网络，但又是不一样的网络。深入地看元宇宙，我们就会看到"协议"（protocol）这个词。协议是计算机通信用词，指的是计算机之间进行交流所遵守的规则。互联网是基于WWW协议的，包括HTTP传输、URI

寻址、HTML 表示三个方面。那么，元宇宙协议就是指一个实体与数字融合的新世界中的各种规则，主要还是那些能用计算机代码落实、由代码运行的规则。

为什么谈元宇宙时，会重点谈到协议？这跟技术在生活中发挥作用的方式有关。在操作系统生态中，微软提供了一个由代码编制而成操作系统，我们作为用户使用它。在互联网平台生态中，一方面，互联网平台既是它所在生态的操作系统，我们作为用户使用它，如滴滴App；另一方面，互联网平台作为组织实体又制订与执行很多经济社会规则，如滴滴用费用、奖惩等规则来运维它的打车网络。

尽管互联网平台生态很好，但有一个大漏洞——互联网平台在自身生态中权力过大，规则往往按有利于平台的方式制定和施行。当我们全面进入实体与数字融合的新世界，当我们的社会把更多的关键部分置入数字空间，当我们个人把自己的生活置入数字空间，互联网平台生态的这个漏洞就变得让人难以忍受。我们不能把社会的命运、个人的命运交给某个平台，因而需要为这个漏洞找到解决方案。

这个解决方案就是"协议"。我们以打车平台为例展开思想实验，一个基于规则的新网络：从所有权讲，未来的打车平台不是全部属于它背后的公司（具体地讲是创始团队与投资人），它的服务提供者（司机）、顾客（用户）可因贡献而获得部分甚至大部分所有权；从治理权讲，公司、服务提供者、顾客均因所有权而获得话语权。在合适机制的协调下，这种设计让整个生态中的各方利益更好地协调一致。

由此可以看到，三维立体的、美轮美奂的元宇宙图景只是表象，每一个元宇宙背后真正关键的是"规则"或"协议"，每一个元宇宙都是一个协议生态。

**《上财商学评论》：结合互联网的发展历程，你认为元宇宙会像 Internet 一样先从局域网开始逐步演进？还是应该先解决元宇宙之间的开放与操作性？**

**方军**：简单地说，元宇宙不能是局域网。现在当作局域网建立的元宇宙都会消失，只有那些一开始就考虑遵循开放标准并互联互通的元宇宙项目，才能长期活下去。

把早期互联网和元宇宙做一个对比。早期互联网基于局域网，各类技术在独立的"黑盒"中试错、孵化，最终链接成互联互通的Internet。而元宇宙则是基于区块链和Web3.0。当前区块链技术尚处于发展初期，随着基础设施及网络数据规模的不断增长，传统的网络生态的弊端与瓶颈会逐渐显现，未来网络的改进升级不仅需要硬件的发展来驱动，而且需要网络自身规则与架构的改进。显然，从元宇宙诞生起，就注定其必须是开放的。元宇宙的直接目的是解决传统网络生态的瓶颈，而这又反过来决定了元宇宙只能通过区块链的分布式来完成网络与硬件生态的整合，通过底层网络协议于不同类型的软硬件设备进行部署，通过对等化的网络节点来形成元宇宙的网络形态。

## 寻找元宇宙应用：
## 虚拟世界、镜像世界、线上应用和线下应用

**《上财商学评论》**：《元宇宙超入门》一书中借用了《看不见的城市》的结构来阐述心中的未来数字之城，并通过七个生动的案例介绍了知识之城、金融之城等街景片段。目前，你所看见的、最印象深刻的元宇宙应用有哪些？

**方军**：目前，令人印象深刻的原生元宇宙应用尚少，能看到的少数应用，如VR会议、虚拟世界、数字藏品等，只是略微展现了元宇宙的可能性。但如果我们将元宇宙视为下一代互联网，站在实体与数字结合、用技术改造/增强世界的角度看，我们就可以看到很多广义的元宇宙应用。实际上，现在已有的各种互联网应用都是未来元宇宙的雏形。

**《上财商学评论》**：请详细介绍你认为有元宇宙潜力的应用。

**方军**：我们可以用"元宇宙路线图"（Metaverse Roadmap），以及以它为基础衍生的"元宇宙应用四象限"来看。

2007年，众多的创新者关注到元宇宙的可能性，共同发起了跨行业峰会"元宇宙路线图"，并发布了75页的产业目录与25页的调研报告。在名为"元宇宙路线图评论"的调研报告中，约翰·斯马特等提出了元宇宙四象限框架。

在元宇宙四象限框架中，2×2表格的上半部分是实体世界，即现实世界，下半部分是由计算机生成、呈现的模拟世界。

发展相关技术时，横向的是从关注外部到关注个人的连续体，纵向的两端分别是用技术增强实体世界和用技术构建模拟世界。横向看，当关注外部时，通常是增加传感器与各种设备；当关注个人时，则努力建立人的身份、促进人与

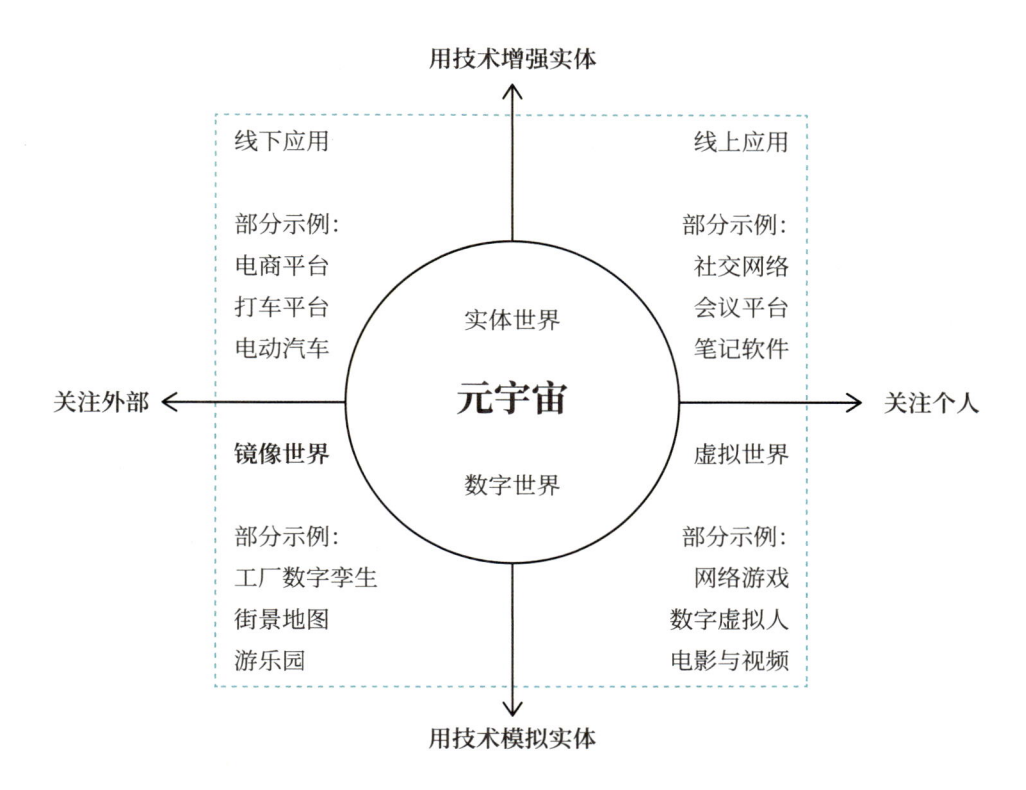

```
                        用技术增强实体
                              ↑
        ┌─────────────────────┼─────────────────────┐
        │  线下应用            │           线上应用   │
        │                     │                     │
        │  部分示例：          │           部分示例： │
        │  电商平台           ╱─┴─╲          社交网络│
        │  打车平台          ╱     ╲         会议平台│
        │  电动汽车         │ 实体世界│        笔记软件│
关注外部 ←─────────────────│  元宇宙 │─────────────────→ 关注个人
        │                  │ 数字世界│                │
        │  镜像世界          ╲     ╱         虚拟世界 │
        │                    ╲─┬─╱                  │
        │  部分示例：          │           部分示例： │
        │  工厂数字孪生        │           网络游戏   │
        │  街景地图            │           数字虚拟人 │
        │  游乐园             │           电影与视频  │
        └─────────────────────┼─────────────────────┘
                              ↓
                        用技术模拟实体
```

人的互动。纵向看，当用技术增强实体时，努力构建界面与网络；当用技术构建模拟时，重点是建立能重现实体世界的模型和营造沉浸的体验。

为便于理解，我们将元宇宙应用四象限重新命名为：虚拟世界、镜像世界、线上应用、线下应用。

有了元宇宙应用四象限模型，就能将现在的互联网和未来的元宇宙联系到一起，目前互联网、移动互联网及科技产业已有一些案例。

虚拟世界（个人/模拟）有：网络游戏，Decentraland等虚拟世界，数字虚拟人，电影与视频。

镜像世界（外部/模拟）有：工厂数字孪生，谷歌街景地图，迪士尼乐园。

线上应用（个人/增强）有：社交网络，在线会议软件，Notion等笔记软件。

线下应用（外部/增强）有：电商平台，打车平台，汽车导航，电动汽车等。

随着以互联网为代表的数字技术与产业逐渐发展，周围的实体世界与计算机网络营造的数字世界已初具雏形。但现在将已有的各种产品放元宇宙四象限框架中看，我们又发现，现有的各种互联网产品其实还是在中心点附近，上下方向的扩张尤其不足，囿于发展的局限现有技术对实体增强不够，模拟出的实体很粗糙。我们预期，以元宇宙为名的新一波技术创新、产品创新将在四个象限都进一步往外扩张，形成实体与数字融合形成的新世界，并且这个新世界属于所有参与者，每个参与者都有话语权。

# 躬身入局：让技术跟产业两个齿轮磨合

访谈 | 王淮　线性资本创始人兼 CEO，地平线机器人、酷家乐、神策数据、思灵机器人等公司天使投资人
采编 | 编辑部

　　王淮毕业于浙江大学计算机系，其取得美国俄亥俄州立大学读机器学习方向的博士学位之际，正值 Web2.0 创业浪潮在硅谷兴起之时。由于对硅谷创业氛围十分向往，王淮搬到硅谷工作，并在 2007 年加入当时还只有百人规模的 Facebook，成为 Facebook 总部第二位中国籍工程师、第一位中国籍研发经理。王淮参与了一个高速发展的创业公司从 0 到 1 的过程，也见证了硅谷初创公司与风险投资是如何共同陪伴成长的。在 Facebook 工作近 5 年后（2011 年 9 月），他离开 Facebook，计划开创一番自己的事业。

　　王淮接触了大量的硅谷投资人、创业者和创业组织，一次回国访友的契机改变了一切。他发现，与他接触的不少中国科技创业者，无论是技术能力还是对创业的理解，都不逊色于硅谷的科技创业者，而且不少交流让他获益匪浅。与此同时，王淮收到了一些科技公司抛出的橄榄枝——做技术合伙人或技术顾问。但对他来说，做投资人，用自己的经验和能力支持更多的技术创业者，显然能创造的价值更大、挑战也更大。虽然没有投资的经验，但出于对中国市场前景广阔大有可为的信心，他果断回国，开始做天使投资人。

　　2014 年王淮创立线性资本，把天使投资机构化，并在接下来的几年里走出了一条专注科技投资之路：目前线性资本共管理 9 只基金，规模约 20 亿美元，是明星创业公司地平线机器人、特赞、神策数据、若琪、思灵机器人等的天使投资人。2021 年底的"资本寒冬"，线性资本却宣布完成第五期美元基金募资。鉴于线性资本和王淮本人在技术投资方面的成绩，线性资本被权威媒体评为"最佳早期投资机构"，而王淮本人被评为"最佳早期投资人""最受创业者喜爱的早期投资人"和世界经济论坛"全球青年领袖"等。

## 科技投资方向的回归

中国的风险投资业出现甚早。1984年，国家科技促进发展研究中心在《新的科技革命与我国的对策》的研究中，就提出"风险投资"的概念。1985年发布的《关于科学技术体制改革的决定》明确指出，"对于变化迅速、风险较大的高技术开发工作，可以设立创业投资给予支持。"随后，中国第一个风险投资公司中国新科技创业投资公司（简称"中创"）于1985年9月成立，积极展开布局。

在2014年线性资本成立之际，中国创业风险投资各类机构数已达1 551家，比2013年增长10.2%；全国创业风险投资管理资本总量达5 232.4亿元，比2013年增长31.7%，市场竞争白热化。

面对众多同质化风投机构的竞争，线性资本如何找到差异点？

**《上财商学评论》**：您2012年回国开始创业投资到2014年成立线性资本，在这段时间里您主要投资了哪些项目？

**王淮**：那段时间我主要在尝试个人天使投资。以前，做工程师写程序代码，带领团队研究的是技术和产品问题；离开之后，就像小鸟出笼，在放飞自我的那段时间里，接触了大量不太熟悉的人和事，投资了20多家公司。

那时候的投资，一半是跟技术相关的项目，也有一些跟技术不相关的。因为那时我"不知道自己不知道什么"，不知道自己擅长的是不是将来在投资领域也能创造更多好的价值，处于一个"求索"的阶段。在这个求索过程中，我接触了各种新东西，尝试了各种投资，如榨汁机、金融科技等。那是非常放飞自我的2年时光。

**《上财商学评论》**：2014年成立线性资本后，主要聚焦于技术投资领域，是什么让您选择技术投资这个方向的？

**王淮**：线性资本从成立之初发展到聚焦技术投资，花了差不多2年的时间。那时的状态是：工程师做天使基金，一开始从对技术100%聚焦，然后下降到40%，再重新回到对技术100%聚焦，经历了一个从波峰到波谷再回到波峰的状态。

其中原因，回顾起来很值得思考，这和认识自我、了解自我的过程非常相似。这个自我探索的过程，花了4年时间，让我明白了三个重要的问题。

第一个问题，有价值的投资方向是什么？今天，我们坚信技术改造世界是有其价值的；在当时，用外部世界及投资人的视角来看，这并不是一个主流的看法，但我们相信从长远发展来看是肯定有价值的。

第二个问题，是赚钞票，还是做事业？我选择自己喜欢的方向，毕竟我创立线性资本并不是单纯冲着钱去的。如果只做一些能赚钱但不是自己喜欢的事情，那么对于我来说是没有动力的。一个人不可能在没有解决生存问题之前，就奢侈地讨论自己究竟喜欢做什么、不喜欢做什么。我的运气比较好，Facebook 给了我做这种选择的机会。那几年的探索也让自己明白不是为了赚钱去做事情，所以我们在项目的选择上有很多取舍。

第三个问题，回归自己最擅长的领域。毕竟，我在 Facebook 是解决技术问题的，从 Facebook 服务的用户规模看，至少在当时比中国绝大多数创业团队遇见的问题规模都要大很多。2012年，中国团队超大规模问题的技术积累相对还比较少，当时的阿里、百度跟今天的规模比还相去甚远。所以，那时我们擅长的技术积累是竞争优势。对技术创业者，尤其是对大型互联网相关的技术性问题，我们有技术积累，我们的理解和经验更多，这正是胜出同行的差异点。

重新聚焦于技术投资有三个关键点：技术投资是有长期价值的；技术投资是自己喜欢的；技术投资也是擅长的。正是因为这三个原因，投资方向逐渐收敛到了三个关键点的重叠之处——技术投资。

## 科技投资的底层逻辑

风险投资行业发展至今已有30多年历史，造就了不少资本与创业项目相互成就的案例，也见证了行业的疯狂与冷寂。近几年，每隔一段时间就会有"资本寒冬"的说法。从2019年开始，在募资困境及二级市场疲软的大环境下，中国股权投资机构的投资活跃度和投资金额均大幅下降。甚至有投资人估计"不止三分之一的投资机构都死掉了"。

而线性资本之所以能够屡次顺利渡过此类难关，在王淮看来，一个重要的底层逻辑是：他们选对了科技投资这条在当时少有人走的道路，而现在受技术进步及政策导向等原因成了风投行业的风口。

**《上财商学评论》**：线性资本在国内算是较早从事科技投资的，当时整个行业的状况是怎样的？有哪些挑战？

**王淮**：当时对于科技投资，LP（Limited Partner，有限合伙人，风投出资人的一种）的认知是，做科技投资的形势非常严峻。绝大多数LP不认同这条路，原因有三个：

第一，见效时间长，赚钱速度慢。当时在ToC（To Customer，面向用户）的互联网领域，2年获得10倍收益的情况很多，好像是将肉进锅一翻炒大概5秒钟就能闻到肉香的状态。而科技投资可以比喻成"焖锅"，要焖很久才有香味出来，而且焖的过程中好与坏并不确定。

第二，项目拓展空间小。虽然大部分ToC项目做不成，但一旦做成就可能有百倍、千倍甚至万倍的回报。而在科技投资领域，这样的概率并不高。即使今天看科技投资，也不是短、平、快的，不可能迅速变得规模特别大。所以，很多ToC转型投科技项目的投资人，在底层逻辑上会面临很多纠结，他们很难改变"短、平、快"的投资心态。

第三，好的工程师能转型成为好的投资人吗？我是很好的工程师，讨论技术、团队、产品等都可以有一些自己的判断。但LP无法确定我能不能成为一个"赚钱"的投资人，毕竟LP投钱不是做慈善，在相信你的理念、打法外，还要相信你有长期赚钱的能力。当时，我还没有被验证过，还没法证明自己能否从一个好的工程师转型成为一个好的投资人。大多数LP跟GP（General Partner，普通合伙人）一样，不太愿意早期对于自己不熟悉或不认同的方向和人下注。

**《上财商学评论》：这几年，有越来越多的机构加入科技投资领域，你们肯定不再像早期那么孤独，从发展的角度看，尤其是2014年线性资本成立后，行业发生了哪些关键的变化？**

**王淮**：我们可以分五个方面来理解这些年发生的结构性变化。这种结构性变化使得大数据、AI、机器人跟产业的结合水到渠成，但这种结合是一个系统演化的必然结果，绝非"站在风口就能飞起来的猪"那么偶然。我们认为，这些年来大数据、算法、算力、人才供应、场景五个方面都有特别大的进步和变化。

第一，大数据普及。过去十年，大数据行业在数量、质量、颗粒度、准确度、结构性等方面都发生了天翻地覆的变化。今天各行各业都不会怀疑大数据的重要性，但十年前大家会疑惑什么是大数据，普遍以为数据多就是大数据，对数据的结构性、质量、颗粒度、数据健康完全没有系统性的认知，数据治理更是处于混沌状态。所以，大数据行业的十年之变，堪称改天换地。

第二，算法应用取得突破。比如，深度学习已成功应用于图像识别、人脸识别和语音识别等领域。借助于数据和算力的进步，深度学习算法得已用于非结构化数据领域，并得到巨大的进步。在语音识别方面，在深度学习之前，传统方式基本是无效的，一个重要原因就是语音数据没那么多。得益于手机和移动互联网（4G和5G）技术的快速发展与普及，能够被用来深度学习的非结构化数据越来越丰富，深度学习算法在应用层面随之产生巨大突破。虽然人工智能技术在1956年就有了，但一直没有实际应用，虽有个别应用，也只是实验性场景的应用，从未进入现实的、大规模的行业应用。所以，新时代为算法应用提供了机遇。

第三，算力增长。从英伟达过去十年股价的变化中不难发现，算力快速发展的夸张程度。我有硅谷的亲身经历：2012年之前，硅谷的程序员普遍认为顶尖优秀的工程师应该去Google、Facebook等公司。而现在的英伟达都是业内最顶尖的工程师，而且是软硬兼通的人才。只懂软件、算法、驱动并不够，还要懂AI、硬件，才能做到"软硬兼施"。在硅谷，芯片产业从"夕阳红"变成"早晨八九点钟的太阳"，下一代计算芯片成了一个"香饽饽"。所以，算力在过去十年以每年5～10倍的速度增长，也带来了巨大的变化。

第四，人才成长。2012年，真正懂大数据的人才不多。而现在，不管是海归的，还是百度、阿里、腾讯等拥有大规模数据的公司培养的本土人才，有大数据实践经验的可能超过100万人。工程师、科学家、数据分析师都是千倍规模的增长。

第五，应用场景成熟。很多的传统产业，如我们投资的爱科农应用的农业领域、睿畜应用的养殖领域，都在考虑用大数据和AI进行改造。大量制造业企业都在不断地用大数据、AI、机器人等整合方案进行改进，尤其是人才质量较高的传统产业，如高端制造业类的场景。我们认为，场景很重要，否则就像餐馆有肉、配菜和厨师，但没有顾客点菜，这就没有意义了。现在愿意点菜的"顾客"、愿意买单的"顾客"越来越多，所以，整个应用场景的成熟是驱动这一波大数据、AI、机器人技术改造各行各业的根本原因。

**《上财商学评论》：从投资人的角度如何看待前沿科技的投资？**

王淮：首先，我们要先定义一下前沿科技投资。我们对于前沿科技投资的认识有两个方面：一个是产业问题的前沿，另一个是技术探索的前沿。这两者的结合交叉点，是我们所聚焦关注的。

可以这样理解，我们非常关注的是技术的工程化问题。只有工程化才能真正地实现应用落地，应用落地才能够把技术用起来。比如新药研发，怎样从几十亿的搜索空间降低到几十万或上百万的数量级，然后再通过大量的自动化让一个新药的探索过程从原来的十年变成几个月，这是完全有可能的，也是我们非常关注的方向。这种产业加速问题，如新药研发、新药寻找等，既有AI的算法进步，还有CRISPR高通量基因编辑技术的进步。这些技术交叉在一起，才能达到更高的效率提升。

我们一直强调效率的升维，升维就是十倍、百倍的效率提升。我们非常关心升维的目的和效果，也就是关心工程

性的研究。我们并不强调科学探索的前沿性，而是一直关注它在工程落地层面的前沿性探索，比如自动驾驶。总结起来，我们关注的是工程性的前沿，而非科学研究的前沿。

在大数据AI领域，我们投资的企业爱科农利用卫星遥感数据、利用温度湿度等天气性质的多维数据，来判断下种、浇水、打药、施肥、收割等时机，它能做到为农民提供细颗粒度的精细化管理建议，在提高亩产量10%～15%的同时，让种地复杂度大幅度降低。爱科农目前已惠及近3 000万亩农田。在我们看来，既要研究获得的这些数据并建立模型，又要研究作物本身的生长机理，这两者如何结合，其实有很多研究要做，要不断地实验，要做算法的迭代。

很多我们投资过的企业都是把大数据跟产业结合，应用于一些实实在在的场景。这种应用，不管是在效率提升还是在降低成本方面，跟传统的方式相比，都有十倍、百倍的改进。这是线性资本典型的投资逻辑。

**《上财商学评论》**：对科技投资的未来，您有什么样的期待？

**王淮**：现在做科技投资的人，多而不精，大多是闪电战，而不是持久战，这是一个严重的问题。

很多机构还不认同科技投资的价值，没有做好持久战的准备，而是一拥而上追求短、平、快。100个人中，真正认同科技投资的也就10个左右，另外90个都是游击队，但正是有那90个人的参与，提升了科技投资市场的活跃度和流动性。但是，当科技投资领域有起伏的时候，那90个人跑得特别快，就会对市场造成巨大的波动和干扰。我相信，现阶段即使这100个人里只有10个人真正可靠，也比冷冷清清要好。毕竟，整体已经比之前好很多了。

对于科技投资，我有几个期待。

一是希望有更多的投资人和钱进来。开始可能比较泛和乱，随着时间的沉淀，一定会有不少优秀的投资人涌现，尤其是原来可能被其他短、平、快机会所吸引的投资人。只要这些优秀的投资人沉下心研究科技投资，肯定会有所转变。我相信会不断有更多的新人进来。

二是科技投资的引导政策一定会越来越成熟。过去的政策大而全，虽然有远见，但在执行的精细化层面还有一些值得改进的地方。未来，国家在政策的制定和执行上，一定会对用心做事的机构和创业者给予更多的支持。

三是新一代的企业家崛起。我认为，未来会有越来越多成熟的、高质量的创业者成长起来。一个产业的成功必然会诞生一批优秀的创业者。马云、刘强东、马化腾属于第一代的互联网创业者；张一鸣、黄峥都是创业者代表。我个人认为，会有更多有领导力和影响力的创业者加入产业互联网。如果把中国实体经济上升比作攀岩，这些先行者对社会的勘实和引领就是打下一个个牢固的攀岩钉，为后人开辟登顶的通途。新一代的企业家能成功崛起，会给新一代的年轻人树立榜样，通过更多产业互联网的成功案例引领新一代的年轻人。

## 中美科技投资的殊途同归

从全球范围看，中美在科技投资领域的投入位居世界前两位。根据 2019 年的数据，在科技投资领域，中国科技投入已经相当接近美国。中国的科技投资不仅总量大、强度也大，2019 年科技投资占 GDP 达 2.23%。随着产业转型和中美竞争的大潮，强度还会更大。根据 2022 年 1 月 29 日北京大学国际战略研究院发布的《技术领域的中美战略竞争：分析与展望》报告显示，中国在一些关键指标上取得了革命性突破，中美总体差距不断缩小，但美国仍保持着全局性和关键性优势。

全球化势必继续推进，作为世界最重要的两大经济体，中美在科技投资领域的竞合能否实现双赢？

**《上财商学评论》：您觉得中美科技投资有哪些差异？未来中国的科技投资会走向何方？**

王淮：虽然目前中美的差异越来越大，但科技的发展最终殊途同归，当然，殊途的过程是比较长的。在未来的发展方向上，中国是脱"虚"向实，越来越实；美国是脱实向"虚"，越来越"虚"。比如，美国投资界以红杉资本（Sequoia Capital）为代表，开始全面聚焦Web3.0。根据公开报道，美国对Web3.0的投入远超我们的想象，其在这个领域会抢占一个制高点。

中国的科技投资则聚焦制造业的升级改造。随着产业的升级改造，中国制造业的地位逐渐加强和提升。这种制造业不是传统的中低端制造业，而是高端制造业。即使是传统制造也会被设计、品牌等理念引导，可以简单理解为未来会有更多的华为、更多的宁德时代。

我认为，中美各有优势，最终殊途同归。这个"归"指的是最终是要虚实结合。中国的制造业要转型升级，从中国制造到中国创新，并且产业已经在升级，像华为、宁德时代的产品不是谁都能生产的。随着中国的制造业升级，在很多领域都成为全世界的引领者。

展望一下，未来我们的沟通可以用基于VR或AR的视频会议产品，而不再是用手机发消息，如果虚拟现实头盔做得更轻盈，技术专家指导生产问题不一定非要到现场，这些"虚"的技术能够为"实"所用，就是我所认为也想倡导的理想状态。美国擅长的"虚"跟中国的"实"最后能够强强联合、互补共进，是我对科技发展最希望看到的未来。

在科技投资中，旁观者没有损失，但肯定不会有任何收益；唯有躬身入局，让技术跟产业两个齿轮磨合，才能成功。这是一个出身工程师的投资人的格言。

# 元宇宙：关于梦想的商业模式

访谈｜王煜全　海银资本创始合伙人，得到 App"前哨·王煜全""全球创新 260 讲""全球创新生态报告"栏目主讲人

采编｜编辑部

**《上财商学评论》**：以往的科技产业发展主要是通过模仿、学习和再创新，在元宇宙产业里是否有新的变化？

**王煜全**：这些年，中国在硬科技方面的探索进步很快，很多已经处于世界前沿，并且在互联网模式创新上也有一些突破，如 TikTok 就反向输出到了美国。但是，大多偏战术层，真正战略层的很少。总体来说，中国在概念前沿领域的探索还不足，产业生态欠缺。

而元宇宙明显是前瞻性的技术和应用，它不是短期的。例如，Meta（Meta Platforms, Inc. 是美国一家经营社交网络服务、虚拟现实、元宇宙等产品的互联网科技公司，总部位于美国加州门洛帕克，旗下拥有 Facebook、Instagram、WhatsApp 等社交软件）的愿景虽然是元宇宙，但其目前真正推的却是 VR，即 Oculus Quest 2，并不是元宇宙真正需要的 AR 或 MR 技术。元宇宙产品应该像眼镜一样，而不是头显，谁会长期佩戴一个这么笨重的设备。在扎克伯格的设想里，元宇宙除了显示屏外还要形成一个反馈环，要有输入能力，所以他用腕带捕捉肌肉电识别手指动作，用作元宇宙的交互。

从技术实现方面讲，元宇宙的实

现不是一朝一夕的事情。VR（Virtual Reality，虚拟现实）产品大多只是暂时佩戴，比如我戴着看一部电影，也就一个多小时。即便如此，这个设备也必须是一体机，用线缆外接电脑肯定不行。VR头显要达到令人满意的程度已经很难，而想要实现元宇宙所真正需要的AR或MR眼镜技术并令消费者满意，其难度可想而知。AR（Augmented Reality，增强现实）产品一天可能要佩戴十多个小时，至少白天人们清醒的时候都得使用，再考虑到AR产品需要大量的三维立体建模等运算，不仅耗电量大，而且对计算能力的要求也高。

这就是说，元宇宙依然是一个未来的概念。

元宇宙2021年风靡世界，跟国际社会宏观环境有关。因为新冠疫情，以Zoom为代表的新一轮IT技术应用逐步被社会接受，再加上人工智能等技术越来越成熟，数字科技进入展开期，这意味着大量行业都有了新的投资机会。再者，新冠疫情造成美国货币超发，超发的货币最终大量涌入股市，大量热钱的涌入意味着元宇宙投资刚进入趋势投资阶段。

现阶段，元宇宙不是价值投资，而是趋势投资。

**《上财商学评论》**：讲到元宇宙，有部分投资者希望采用区块链分布式技术实现完全的去中心化，以避免元宇宙也像互联网那样从开源开放走向垄断封闭。您认为元宇宙的未来是应该采用去中心化的技术让用户自己持有数据，还是应该基于现有的、封闭的互联网平台来搭建？

王煜全：不被操控、让用户有一定的自主权，这是有道理的。但完全把系统放到用户端并不容易，因为没有人维护。要想让系统运转，一定要有维护能力。

我经常遇到这种情况：听一个故事似乎就能帮元宇宙发展，但这个故事本身就不成立，故事只是让你先做起来，只有在成功以后才能帮到元宇宙。

"去中心化"好不好？假设Facebook把现有的中心化平台移植到去中心化平台，然后赋能到每个用户，这就非常好；反过来，我做了一套去中心化平台，可以赋能到每个用户，但我未必能成为Facebook。因此，平台真正有用，是要被广泛接受，而能否被广泛接受并不取决于是否去中心化。

现在讨论去中心化，经常会纠结于数据。我认为，数据要完全实现用户享有是不容易的，而且也没必要，比如Facebook，只要你对它的监管稍微严一点，它就不敢拿你的数据作恶。所以，中心化的特点是容易监管，比如扎克伯格，仍要经常去国会跟议员们解释。

但是，如果是去中心化的，如果真出了问题，该找谁解释？这么看，去中心化反倒不靠谱，因为没有责任人，一旦出了负面问题谁都收拾不了。所以，去中心化未必是好的。

元宇宙目前有一个很大的问题还没解决，不是数据，而是格式。

我们认为，元宇宙最了不起的是三维数据格式的引入。互联网一开始基本都是文字，这是一维的；随后，音乐、视频、图片来了，这是二维的；现在，VR和AR的最大特点是支持三维。三维和二维的最大区别是什么？记录一个人的动作在三维世界里与二维世界里的保真程度是不一样的，三维世界可以完全保真，二维世界是失真的。

另外，三维世界是可以协作的。如果同在一个三维世界里，我挪动了物体的这个方向，你从另一个角度移动物体的那个方向，这不会形成误解；但在二维世界里，我往这头挪和你往那头移，就很容易产生误解。

元宇宙真正的最大意义是互联网的延续。元宇宙并不是一个从零开始的新东西，而是互联网的一个数据格式升级，即升级到三维，且这次升级的意义远大于前几次。从一维升级到二维，大量视频、声音让我们觉得现在的互联网和传统的文字和图片不同，尽管丰富但不够震撼，毕竟是二维的，还不能基于二维数据格式同步协作。所以，二维互联网基本是以内容制作和内容观看为主，深加工能力不足。

三维数据有大量的深加工机会。拿到三维数据，我可以加点东西，这在游戏里已经实现了。游戏虽然显示的是二维的，但背后可能是三维建模做出的模型，三维做出的东西可以不断修改，只要格式统一、工具统一，就可以完成大规模复杂协作。这在以前是绝不可能做到的。

我们认为，元宇宙是对互联网内容的重大升级，是价值的重大升级。互联网的了不起在于它沉淀了人类的文化。我们把所有内容都放到网上，从而使互联网成了全人类的一个外脑。互联网是文化的显性化大集中。以前的文化集中是图书馆，但图书馆的利用率很低，现在集中在互联网上，人人都可以上网、人人都可以检索、人人都可以获取想要的信息，这就非常了不起，是一个飞跃。

这些信息如果能在人际的互动和协作上加强，才是对人类最大的促进。三维数据的出现，就使得我们的远程协作

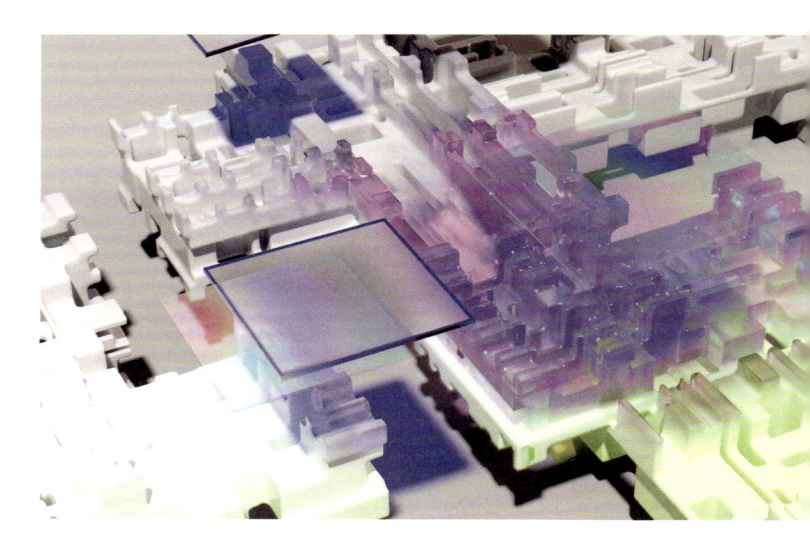

能够变得更顺畅，因为它把异地变成本地，我们在物理空间里是异地的，但在虚拟空间里却可以同时同地出现。大家在同一个三维空间里协作，这种协作能力就会极大地加深加强。这对整个人类社会、人类文明有了不起的重大推进作用。

要做到这一步，首先要将数据格式打通，而不是将用户数据打通。新的数据格式有一些机构都在推进，如美国的英伟达（NVIDIA）等公司，然而各家公司的三维数据的格式却极不统一，都是自己的私有格式。只有数据格式打通，才能促进元宇宙的真正实现，这条路还很长。

**《上财商学评论》：元宇宙需不需要区块链技术？这是大家比较关注的一个话题。**

王煜全：至少我现在没有看到非区块链不可的理由。区块链基本上是锦上添花，而不是雪中送炭。我不认为元宇宙缺少了区块链就不能发展，只能说区块链让它更公平，但为了更公平而使系统开发难度加大十倍的话，这种做法就需要斟酌，甚至要面临更多失败的风险。

元宇宙和区块链实际上是两个维度。区块链追求过度的平均化，即每个节点没有区别。从自然界的进化角度看，这种完全平均化的组织是不存在的。我能想到的完全平均化的组织只有一个——黏菌，它的每个细胞可以独立，周围食物丰富的时候每个细胞独立活动，食物不够的时候细胞会聚集在一起。除此以外，所有的多细胞生物都是分化的，分化意味着这个细胞只干这个、那个细胞只干那个，这就导致细胞有不同的重要性，如表皮细胞不如神经细胞重要。人也如此，手脚当然重要，但折一个未必会死，而人的心脏或大脑坏了就肯定会死，可见它们的重要等级是不同的。自然界里几乎没有重要性完全相同的平均化组织。

根据自然界千百年进化形成的规律，平均化组织不是最有效的进化方式。那为什么在互联网上要追求平均化呢？从理论和实践上来看，去中心化似乎是一个执念，去中心化不是经过论证的一个更优方案或可行方案，而是一个执念。那这个执念又从何而来呢？20世纪60年代，加州硅谷的乌托邦们希望当数字科技来临的时候可以在虚拟世界构建一个新世界，并希望这个虚拟世界里没有国家、没有阶级，甚至没有商业。所以，那些人喜欢约翰·列侬（John Lennon）的《想象》(Imagine)，"Imagine there is no heaven…Imagine there is no country."他们只看到有政府的弊端，不知道无政府能否成立或是无政府有没有弊端。后来的Napster（提供线上音乐共享服务的软件）认为音乐应该自由传播，企图打破商业，但最后还是被音乐知识产权协会告倒了。再到如今这些崇尚分布式理念的人，也许他们的思想是一脉相承的。（以上的只是个人看法，还没有经过严格论证。）

**《上财商学评论》**：自然进化中的社会化分工，让我们想到了凯文·凯利在《失控》里提到的蜂巢理论。该理论发现，蜂巢就像是一个整体，通过协作汇集每个个体的思维。您如何看待这种现象？

**王煜全**：这个模式当然有它的成功之处，但是代价也很大，那就是每个个体不能太智能。如果个体太智能，反倒做不成了。那么，每个互联网居民愿意牺牲自己的智能吗？

我们不能简单地把人比喻成动物，这是一个误解。20世纪70年代发展起来的社会生物学，是道金斯和威尔逊开创的，但他们研究最多的并不是人，而是蚂蚁。他们把蚂蚁称作社会化动物，说它们非常社会化，在社会里如果把单个蚂蚁扔出去就活不了，因为没有社会的支持。他们还说很多动物是非社会化的，比如河马；而人是半社会化动物，就像鲁滨逊虽然一个人也能活很长时间，但仍有社会性。事实上，这种说法是错的。

错在哪里呢？蚂蚁的社会性是很低的，它是机械的社会性，而人的社会性很高，而且很复杂。所以，人不是半社会化动物，人是比蚂蚁高N个数量级的社会化动物。蚂蚁和人的社会结构完全不同。我曾经有一个讲座专门讲人类进化的规律和其他生物进化的规律是不一样的，它们不是同一个规律，因而将动物理论引用到人身上是有风险的，虽然从组织结构上有一些可以借鉴的地方，但从社会的可执行性层面来讲是不可借鉴的。

**《上财商学评论》**：根据开源进化论，技术也有它的进化性，从互联网到云计算、人工智能、区块链等都在不断进化中，对此，您的想法是怎样的？

**王煜全**：第一，我们认为技术进化是人类进化的重要部分，也就是说没有技术进化，人类进化不到今天。

文化人类学认为文化是进化的重要部分。我认为，这只对了一半，文化是技术的载体，文化可以把技术的实践操作方法记录下来，而且可复制、可传播。这些技术传播都是开源的方式，如种植小米和水稻的技术。开源承载在文化里，文化分口耳相传和书籍记载，也包括互联网记录。全社会可以共享的都是开源的，互联网是典型的开源系统。

但文化能持续进步最主要的原因是，文化和技术形成了一个协同进化和双向选择的作用。也就是说，文化会选择使文化能够更发达的技术，技术也在选择使技术能够被用得更充分的文化。所以，技术与文化是双向选择的。

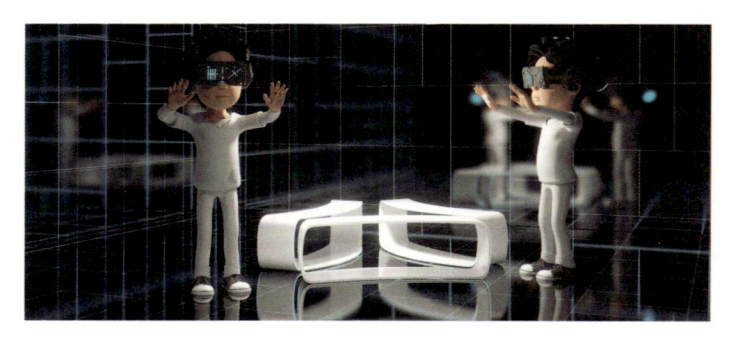

第二，技术和文化都有可以不断累进的作用。布莱恩·亚瑟（W. Brian Arthur）的《技术的本质》的基础论点是：技术就像玩乐高，像搭积木一样完成技术进化。

技术的基础部分，就是积木，万变不离其宗，慢慢也会有不同的新积木出来，这些积木可以反复组合，现在的积木搭得越来越复杂。可以把手机的上千个配件理解成上千块积木。

积木越来越复杂，还可以不断地组合，模块本身在进化，搭积木的方式也在进化。从理论上讲，当你有 1 000 块积木的时候，搭积木的方式是 1 000 的 1 000次方，这是个海量数据。很多人认为目前科学进步停滞了，尤其是量子力学以后理论突破几乎停滞，这其实这是错的。基础理论突破从来都是阶梯性的，因为它有不可预测性，大的基础理论跨越一个新台阶的进步时间是不可预知的。但是，技术突破是组合式的累积，不是阶梯性的跨越，它会持续叠加，就像积木一个一个搭起来。

基础理论上了新台阶后，技术就更容易有更多的突破。即使任何基础理论都没有突破，即使只是用搭积木的方式，技术依然能演进，还能推进得很远，就如即使只有1 000块积木，那也有10 001 000种搭法。所以，技术产品能够不断地进步迭代，是有科学依据的。

文化和技术类似，自身也可以累积和迭代，同时它又能和技术相互促进，并在相互促进过程中一起不断往前走。这是人类社会发展的底层逻辑。我们可以把开源理解为：技术和文化各自累积与相互促进应用到软件技术的一个特例。

现在的技术突破为什么难？不是把现成的积木拼到一起就行了吗？实际上，在搭建整体积木系统时，每一块积木都要做相应的改动，这就必须要协同。每块积木都要协同研发，最后拼在一起才能形成一个完整的积木系统。

开源是其中一种协同方式。除了开源外，能起到类似作用的协同方式还包括现在最时髦的方式——开放API。

开放API，即允许各种功能被开放调用。通俗地讲，就是我在你的平台利用你的功能可以实现各种各样的应用。协同的方式各种各样，有彻底开源的、所有代码开源的、开放API的，各有各的好处。只要生态开放，自然什么都有。

用什么样的激励手段或方式鼓励大家更多地创新、更快地迭代，才是核心。代码是否开放不重要，底层逻辑一样就行。比如，从种水稻开始，大家都在做技术的分享和传播，以实践结合的方向触动底层逻辑。现在开源的只是代码，随着技术的更新、脑机接口的应用，未来开源的可能就是脑电波了。

所以，我重新整理人类进化的理论，就是想要研究推动社会进步最本质的究竟是什么，至于是开源代码还是开源脑电波，并不十分在意。我们考虑的，不是开放源代码好还是开源脑电波好，而是这些方式是否对社会协作更好、是否对推动社会的深层次合作更好。我们想要知道，什么有利于社会的发展，怎么能更好地支持它。

**《上财商学评论》：您认为元宇宙未来会有哪些新的应用和机会？**

王煜全：关于元宇宙的未来应用可以分成三块：协作、探索和社交。

第一种元宇宙的未来应用是协作。协作是最容易理解的，比如一起设计房子或远程医疗就是典型的协作场景。元宇宙是最好的协作场景，因为三维数据是最容易协作的。如果三维格式是打通的，而且三维数据的生成和三维数据的采集也是打通的，那就意味着可以把真实的三维房子放到同一个虚拟世界里。例如，可以放到游戏里，游戏是典型的人工生成的虚拟世界，而真实的房子三维数据是从物理世界采集的，两者一旦叠加就可以做很多事。如果这个应用软件不复杂，那就意味着人人可以参与协作。

第二种元宇宙的未来应用是探索。以前说起探索，大家的理解是Discovery（自然探索）。事实上，自然环境只是人类探索很小的一个领域，人类更关心的是社会、是他人的想法。所以，要有一个让别人能够生成内容的平台，有了平台就意味着人人可以参与、拓展知识，变成别人探索的选项。

不管是音乐、游戏还是视频，随着三维内容的普及，未来内容生产的技术门槛会越来越低。比如，在Youtube上一个7 000多万次下载观看量的视频，影响力丝毫不比好莱坞大片弱，但它的制作门槛却很低，也许就是几个孩子在Minecraft（视频游戏《我的世界》）上制作的。当技术门槛因软件技术的发展而极大地降低后，比拼的是谁更有探索精神、谁更有才华。

第三种元宇宙的未来应用是社交，即圈层文化、兴趣社交。比如，我喜欢收集化石，那我就希望和全世界喜欢收集化石的人交流。以前由于地理因素的阻隔，人们只能进行地域社交，但这并不意味着人们不需要兴趣社交，只是条件达不到罢了。而未来，随着元宇宙等技术的成熟，兴趣社交将突破时间和空间的限制，成为人们的日常生活方式。

元宇宙的未来应用——探索、协作和社交，分开说很简单，实际应用到一起还是非常复杂的，它们在一起会诞生大量不一样的东西，也将会改变很多事物的形态。

**《上财商学评论》：回到投资话题，现在元宇宙还处于趋势投资期吗？对于元宇宙的创业者，您有哪些建议？**

王煜全：现在元宇宙还处于趋势投资阶段。

资本是一级级传递的。美国新冠疫情后大量货币超发，钱看似是发到老百姓手里，但是老百姓留不住，钱很快就会流到大资本手里。这个现象在美国最典型。所以，过去的两年里，大资本的增长幅度显著。

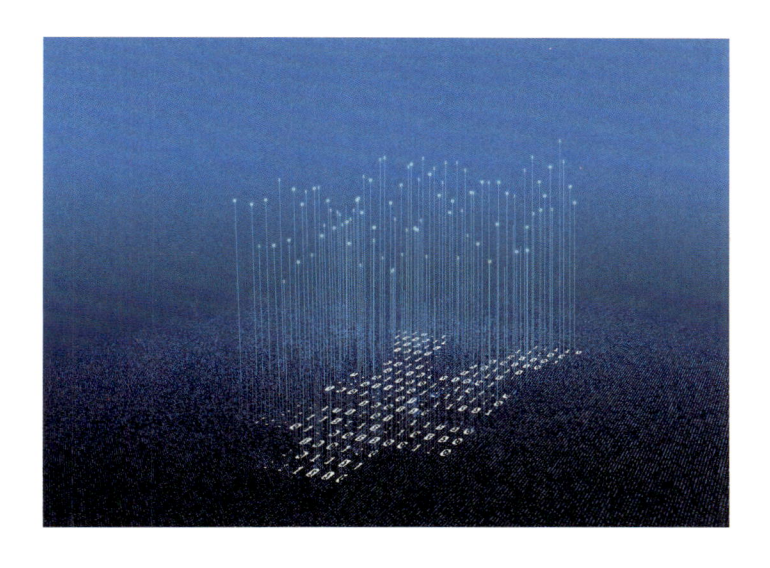

资本有了钱后一般有两个选择。

一种是把大量的钱配置到股市的头部科技股。这些企业不仅成长性好，而且因为它规模已经很大，安全系数也高，所以头部科技股被认为是非常好的避风港。现在又是数字科技的展开期。以前IT是一个独立行业，与别的行业不相关，而展开期的意思是IT可以用到各个行业中。这样一来，行业就有了新的上升空间，行业的"屋顶"被突破了。因此，头部大企业的增长幅度一点都不小，甚至比很多小企业增长得都快，那它当然就是最安全的投资了。

另一种是大基金、大资本会有一部分配置用于风险投资。随着大基金资金池的迅速扩大，从2020年年底开始，大量的风险投资基金完成了募资，而且超募。原因很简单，就是水多了。

技术进步加上市场上钱多了，行业自然进入了趋势投资阶段。

趋势投资与价值投资最大的区别在于：价值投资是就事论事，别讲未来故事，只说今天的收入利润，用P/E（市盈率）就能算出市值；趋势投资是看未来的市场空间，折算出可能带来的利润。只要有一定的可能性可以实现这个市场空间，就会把未来的价值赋予现在的公司，等同于提前变现，这是趋势投资的特点。

当大量的资本涌入，进入趋势投资阶段后，大家就更愿意谈未来，更愿意谈一些相对遥远的事情，因为会把未来的价值放到现在。

所以，我们才会看见，2021年Meta在谈元宇宙，NVIDIA从硬件层在谈元宇宙，Roblox从平台层在谈元宇宙，大家都在谈元宇宙。

在趋势投资阶段，投资人喜欢听故事。作为创业者要注意，讲未来故事并不是天马行空瞎讲，因为要准确地告诉别人，这个未来够大、它可以实现、我可以实现它。这并不好讲。

所以，千万不要认为趋势投资钱很多，随便讲个未来的故事就可以捞钱，不是这样的。现在很多未来的故事是不合格的，包括所谓的分布式区块链技术。很多人这样讲区块链故事：我有一套防伪系统，所以我可以做茅台酒。但真实的故事却是：我有茅台酒，所以我可以引入一套防伪系统。我只有防伪系统，是做不出茅台酒的。

在我们眼里，合格的元宇宙故事其实很少，讲未来故事的能力还需要加强。

# 创业博物馆的故事——2.0版本

访谈 | 苏菂　车库咖啡创始人，You+ 国际青年社区联合创始人，中关村创业博物馆馆长，
　　　　　中国"双创"的亲历者和观察者

采编 | 编辑部

在创投圈，苏菂的名字无人不知、无人不晓。他的多次创业经历一路风风雨雨，见证着中国创新创业的发展。随着中国"双创"进入新的时代，苏菂不忘初心，再度创业，在中国"双创"高地中关村创办了中国首家创业博物馆。历经几年跌宕，如今的创业博物馆正在续写2.0版的故事。

苏菂在中关村创立的车库咖啡，不仅是全球第一家创业主题咖啡厅，也是区块链行业的圣地。车库咖啡的菜单上印着"车库理念"：为早期创业团队提供一个舒适的、开放的共享办公环境和尽可能多的共享办公设备。这里是早期创业者和投资人聚集的平台。每天有大量创业者和投资人来到车库咖啡，点一杯咖啡，打开电脑，开始一天的工作。这里的每张桌子上都有一个提示牌，一面是"工作中，请勿打扰"，另一面是"欢迎交流"。

苏菂离开了创立7年的车库咖啡，正值车库咖啡的高光时刻。他在几年后，再度回归中关村，创建了中国首座创业博物馆。博物馆的所在地，离车库咖啡只有数十米距离。

## 回顾曾经的车库时光

**《上财商学评论》**：您是一名连续创业者，创立的车库咖啡最知名，还记得当初的起因吗？

**苏菂**：暴风影音的冯鑫曾说，这事儿并不是没人想去做，但真的那么傻并且去做的并不多。我就属于冯鑫所说的"那么傻"的人。当时为了把车库咖啡创立起来，我在蓝汛纳斯达克上市前就果断辞掉了投资总监的职务，然后全身心投入创业。从设想到最终落地的整个过程，我的体重从180斤减到了140斤。

车库咖啡由十位股东出资创建，我是大股东。车库咖啡的布置起初就按开放式办公的思路来设计，整体以灰色调为主，家具是从宜家精心挑选的。咖啡馆里既有大开间的开放办公区域，还布局了一个大会议室和四个小会议室。

早期创业阶段的公司找办公室是个大难题：创业公司一开始办公的场地都很小，发展壮大之后就要换场地，但换大了空间成本又高了。很多创业公司会在星巴克、上岛咖啡等地办公。创立车库咖啡就是想把这些散落在星巴克、上岛咖啡的人聚集在一起，给他们一个固定的办公场所，并帮他们节省点日常支出费用，而且一群创业者集聚在一起会有良好的创业氛围，能互相鼓劲。取名"车库"（garage）就是希望咖啡馆能像美国的"车库文化"一样，从这里能走出更多前途无限的创业公司。

**《上财商学评论》**：您认为创业者抱团是有意义的？

**苏菂**：中国的创业文化，缺少的是良好的环境。早期创业者聚集在一起，相互之间是会产生影响的。每位创业者都是活跃的，这些活跃的人聚集在一起，就像把不同的物质混合在一起发生了奇妙的化学反应。只有思想不断碰撞，才会有创新。这些活跃的人聚集在一起，会增加他们碰撞的机会和概率，同时还可以加强与创投之间的关系，缩短创业者之间、创投之间的物理距离。

**《上财商学评论》**：车库咖啡的成功离不开运营和努力。您当时具体做了哪些事情？

**苏菂**：那时候我天天"泡"在车库咖啡，和每位创业者聊天，如果有陌生面孔更是会主动和他攀谈。一方面，从创业者身上我学到了很多东西；另一方面，通过聊天沟通，我了解到创业者的特点，可以更有针对性地对接投资人，或为创业团队牵线搭桥、对接业务等。

那时，车库咖啡也会与第三方合作，平日晚上七点后和周末都会举行创投活动，为投资者寻找机会。随着知名度越来越高，车库咖啡吸引了大量顶级投资人的长期光顾，这就为创业者创造了一个良好的对接平台。在车库咖啡拿到第一笔投资的创业者是 Luyi.com 的创始人莫小翼，拿到投资后莫小翼就扩建了团队、搬离了车库。

此外，车库咖啡也得到了政府的支持：第二张"国家创新型孵化器牌照"就颁给了车库咖啡，为驻扎在车库咖啡的创业者提供注册企业的快捷通道，方法是创业者每月有两天可以向车库咖啡提交公司注册申请，再由车库咖啡帮创业者注册公司，从而免去很多烦琐的注册程序。

《上财商学评论》：您离开车库去做YOU+ 国际青年社区，又是什么原因？

苏菂：随着车库咖啡的成功，我发现了年轻创业者的另一个需求——社交。于是，我想建立一所创业者公寓。一开始由于种种原因没有启动，后来遇到了YOU+，双方一拍即合。在硅谷，曾出现过类似彩虹公寓的创业者自发群租模式，而YOU+ 同样可以让大量创业人才在一起工作、在一起居住。在创业奋斗过程中，创业者总会有无尽的想法要与志同道合的人交流，或在遇到困难的时候想找可以吐露心声的共情对象来缓解压力。YOU+ 正是瞄准了这一需求，希望为创业者打造属于自己的"乌托邦"。

## 创业博物馆是"车库精神"的延续

《上财商学评论》：继 YOU+ 后，您又进入了并不熟悉的民营博物馆领域，一手打造了创业博物馆。那成立创业博物馆的初衷又是什么？

苏菂：对我个人而言，创业博物馆是我心中"车库精神"的延续。我一直想把车库咖啡打造为中国"双创"精神的载体，却最终打造出一座创业博物馆。我认为只有精神层面的东西才能更长久地存在，但车库咖啡的其他股东对此有不同意见。我选择离开车库之后，一直在思考自己还能为创业者做些什么？

眼下的创业大潮中，创业人很多，创业故事也很多，但能被长久记录传承的有多少？那么，是否可以用一座公益性的博物馆来承载中国的"双创"精神？博物馆可以没有华丽的装修，但一定要装满"精神内核"，因为精神虽然无形却最能持续打动人心。精神虽然不会随着时间逝去而消失，但没有传承也会逐渐凋零。必须要有一种社会化的公共容器来承载和传承精神。

《上财商学评论》：这座博物馆是公益性的？

苏菂：从最初打算做创业博物馆的时候，我就确定了它是一个创业文化的载体，是公益性的。它不是我一个人的博物馆，而是承载千百个创业者精神的公共容器。我一直希望能为创业者做点事情。

**《上财商学评论》：请详细介绍一下建立博物馆的整个过程？**

**苏菂：** 2018年3月，我几乎天天在离创业大街不远的一幢写字楼里，与人沟通究竟该如何建立一家创业博物馆。当时，有很多人都非常赞同我的这个设想。我有时候一天要跟不同的人反反复复讲很多遍，前前后后约有几百个创业团队与我交流，也得到了很多支持。海淀置业副总经理、中关村创业大街科技服务有限公司董事长姚宏波曾和我说："一定要把博物馆留在中关村，留在创业大街，因为创业博物馆开在创业大街上是最匹配的。"

有一天姚宏波告诉我，当时在中关村创业大街办公的洛可可公司，租约就要到期且不打算续约。洛可可公司的办公地就在车库咖啡的斜对面，距离车库咖啡不到50米，有上下两层约700平方米的空间。我听了后，顿时觉得这个场地简直就是为博物馆量身定制的。

关于博物馆究竟该"装"些什么，我心里没底。幸运的是，我身边有一群愿意为此助我一臂之力的创业老前辈。例如，北京华讯集团——中国第一家做中文寻呼系统的公司，创始人戴焕忠先生尽管已年近八旬，仍心系中国"双创"，他一直留在中关村为创业者的科技成果转化提供服务。戴焕忠先生建议我："博物馆不应该单纯地展示公司的成就，而要从中国融入世界发展的变革去考虑。改革开放之路，也是中国走向世界之路。中关村是中国科技发展的热土，最能代表中关村变化的莫过于'计算机'。"计算机既是中关村的代名词，也是中国新科技的象征。于是，我决定打造一座对标硅谷计算机博物馆的创业博物馆，并把"计算机"定为博物馆的主题。

# 打造中国自己的"硅谷计算机博物馆"

**《上财商学评论》**：听说您在筹建创业博物馆时曾立了誓言：博物馆不开，头发不剪。最后，您是留着一头长发迎来开馆的？

**苏菂**：不要把目光聚焦在我身上。创业博物馆不是我一个人的，这座博物馆的诞生是大量创业者群智群力的结果。当时，我专门建了一个微信群，很多人在群里帮我出主意，如博物馆起什么名字、要不要做电子会员等，甚至还有很多人主动问我他们的好东西适不适合博物馆陈列。

很多博物馆的细节设计，也都来自创业者们的帮忙。比如，博物馆门口的瀛海威Logo矢量图，是创业者帮忙找来的；刘关张的雕塑，本想铜制或泥烧，最后采用了一位年轻的艺术家提议的用超轻黏土手捏；博物馆石板所刻的文字和图案，都是创业者刘丁用自己研发的激光技术做出来的。

博物馆开始装修之前要把洛可可公司的装修拆除，在拆除工程的最后一天，我突发奇想，想亲自体验搬砖工作，就建了一个"半夜搬砖"群，约了一群创业者晚上到创业大街清理装修渣土。那天晚上，一共有40多个创业团队的创始人来帮忙，其中好几位的公司年销售额过亿，还有一位是上市公司的董事，这或许可以笑称市值最高的搬砖队了。大家白天工作辛劳一整天，晚上一起在博物馆现场奋战了足足3个小时！

**《上财商学评论》**：说起博物馆的展品，都是您亲自"淘"来的？有哪些是您印象深刻的？

**苏菂**：博物馆的不少展品都很有意义，物品背后有着有趣的故事。比如，2401的开发研究说明书，是创始人王缉志先生给我的。再如，0520计算机，还能开机的0520计算机在目前全中国范围都很少有。还有，巨人集团出品的"汉卡"，是史玉柱当年创业的杰作。

这些展品承载着科技创业者的精神和故事。例如，巨人"汉卡"就记载了史玉柱的创业历程，1989年史玉柱拿着仅有的4 000元，在媒体上孤注一掷地为他研发的"M-6401桌面排版印刷系统软件"打广告，这次孤注一掷成了史玉柱之后事业的起点。

**《上财商学评论》**：博物馆的主题一直是计算机？

**苏菂**：当前主要的藏品都是围绕"计算机"的主题来布展的，主要以20世纪80—90年代中国计算机科技创业者的成果为主。博物馆在设计之初就强调科技感要强一些，在布展的硬件设备方面先后投入了几百万元的预算。

中关村这块平地是怎么出现高楼大厦的？前辈创业者们又是如何推动历史的？我们希望博物馆的观众通过这些展

品，不仅看到岁月的历史沉淀，还能看到中国的创业者们推动中国IT行业发展的奋斗精神。

**《上财商学评论》**：创业博物馆的地下一层矗立着用石板做成的"册子"，那是"失败者"专区，一个个创业失败者的经历和感悟都刻在上面，要讲给未来的创业者听？

**苏菂**：这有点误解。在创业路上，没有真正的失败者。比如，DOS失败吗？虽然它最终被WINDOWS95打败，但在全球计算机产业发展史上它都是里程碑式的存在。这些在计算机科技发展历史上存在过的公司，哪怕最终倒下也不能算是失败。从时间长河的角度看，新企业会被更新的企业取代，即使是百年老店也很难长生不老。但在这些企业所处的时代里，他们都贡献了自己的力量。比如，瀛海威虽然已经消失，但是它真正开启了中国的互联网之路，是中国互联网当之无愧的先驱者。很多企业成为"先烈"，是正常市场竞争的结果。而创业博物馆的担当，就是要把前人真实发生的创业事，讲给不熟悉的后人听。

# 创业博物馆不能用"金钱"来衡量

**《上财商学评论》：创业博物馆运营以来，馆藏藏品有什么变化？未来，对于博物馆的发展有些什么计划？**

苏菂：博物馆的一部分藏品被海淀区政府借走展览了。这几年，我一直没有停止过收集藏品，很多老一辈企业家也都一直关注着博物馆，不停地帮我寻找有价值的藏品。现在博物馆的藏品比刚开馆时多了五倍左右，确实是到了开新馆的时候了。

创业博物馆的新馆已提上日程，目前正在布展设计阶段。新馆地址选在中关村核心的鼎好大厦，面积要比老馆大5～6倍。从工程进度看，年底可以试运行。

**《上财商学评论》：疫情对博物馆行业，尤其是民营博物馆，冲击非常大。您的感受是怎样的？**

苏菂：民营博物馆一直都不容易，毕竟博物馆文化气氛还不浓厚。每年有好多民营博物馆因经营不善而倒闭，这两年尤为严重。

从1996年第一批民营博物馆出现至今，北京目前还在运营的民营博物馆也就20家左右，加上其他性质的博物馆，总共也就180家。博物馆的发展还是和经济发展有关系，只有经济发展达到一定程度，才会有精神文化层面的需求。经济毕竟还在发展阶段，所以民营博物馆的发展也只是起步阶段，相信未来会越来越好。创业博物馆对标的硅谷"创业+计算机"主题博物馆已经四十多年了，而我们才刚起步，需要更努力！

**《上财商学评论》：您如何看待创业博物馆的精神内核？**

苏菂：我觉得中国需要创业博物馆这样的一个地方。中关村对于中国改革开放的历史意义是什么？它应该在中国计算机科技创新发展历史上有一席之地。所以，创业博物馆对后世也是有意义的，它把当年计算机科技创新先驱者的精神、智慧和文化，通过博物馆这一载体传播出去。创业博物馆的价值，不仅是老物件的"聚集地"，更应该是创业人的"聚集地"，让老一辈、新一辈的创业者们在一起交流互动。

**《上财商学评论》：如何克服以纯公益的方式运营一家民营博物馆的难处？**

苏菂：当初想做创业博物馆的时候，最反对的是我父亲。我创立车库咖啡、青年公寓，父亲都是支持我的，因为他觉得这些是可以"赚"钱的事情；而对于博物馆，父亲认为缺乏业化变现的渠道。作为一座纯公益性质的民营博物馆，日常经营如何做？收入怎么来？都没有确定的答案。

同样，戴焕忠先生在博物馆的筹划阶段也和我说过他的担心。他认为建博物馆不是光靠"信念"就能坚持的，博物馆运营是很专业的事情，每个月的房租、电费、水费等都是一笔很大的实际支出，如果没有稳定的资金来源，"建一座博物馆易，养一座博物馆难"。

但我还是坚持，打造中国首家创业博物馆的巨大意义，绝不是用金钱可以衡量的。

幸运的是，创业博物馆得到了大众的认可。虽然之前我只片面地考虑了博物馆对创业文化的载体作用，并没有考虑博物馆的教育作用，但开馆以来，很多中小学组织学生参观，平时也有很多家长带着孩子参观。北京新闻广播的主持人孙畅女士还特意为博物馆录制了语音导览。这些意外收获都是之前没有考虑到的。这也更坚定了我的想法，运营一座博物馆，未来可能比所想象的有更深远的意义。历史总是以意想不到的方式改变今天和明天。

博物馆运营几年后也得到了一些机构的认可。比如，鼎好出资参与新馆的筹备，还为新馆提供了鼎好大厦的场地，相信博物馆未来还会得到更多机构的认可。

**《上财商学评论》：会不会考虑联手大企业，比如把华为的产品集中起来打造企业博物馆？**

苏菂：这不容易，甚至可以说非常难。国外的民营博物馆，确实有不少联手大企业的运营案例，但目前我国还没有这种氛围。大企业参与公益性质的民营博物馆运营的成功案例非常少，还是需要多一点时间培育才有机会。

**《上财商学评论》：您对于创业博物馆未来的展望有哪些？**

**《上财商学评论》：博物馆的筹资模式具体是怎样的？**

苏菂：博物馆筹建期间的费用，主要来自支持这一想法的创业者的捐赠。筹备期间，陆续收到500多万元捐赠。在中关村人才协会的运作下，为此专门成立了专项基金来管理和运营，其中的大部分资金都投入了博物馆的布展设计。

我也充分利用博物馆的每一处有用空间。比如，把博物馆的每一面小镜子变成广告牌，在镜子里刻上各家公司的Logo，开灯的时候镜子里出现Logo，关灯的时候就还是一面普通的镜子。

苏菂：创业博物馆能长期存在就是最大的回报。对于博物馆，其存在的时间越久，价值就越大。创业博物馆的很多藏品，我们的下一代就没有见到过。那么，到再下一代，恐怕只能看看照片了。如果有这样一个展览场所，能让他们看到实物，想必非常有意义、有价值！

创业博物馆对标的硅谷计算机博物馆，如今已是世界IT创业者的圣地，记录了计算机的前世今生。我们希望，创业博物馆虽然今天还处于"嫩芽"发展阶段，只要坚持下去，最终一定能为中国的IT事业和发展做出一些贡献。

## 《大隐隐于市：中关村里有一座创业博物馆》

1996 年深秋，北京白颐路口突然出现了一块硕大的牌子，写着："中国人离信息高速公路还有多远？向北 1 500 米。"这正是瀛海威当时的广告语。

几十年后，一度淡出人们记忆的瀛海威 Logo，又出现在中关村创业大街的主街，出现在创业博物馆大门的顶上。

创业博物馆的大门，可称得上极有亮点。博物馆正门顶上是国内第一家互联网公司"瀛海威时空"的 Logo，正门前的地面上，是曾以一家公司就占据中关村整体一半产值的"四通公司"的基石。正门共有两扇，左边黄色的门复刻金山公司 1988 年创业之初的"金山"门，右边红色的门复刻中国科学院计算所传达室的"联想"门。推开这两扇分别代表软件和硬件的大门，便是翻开了中关村的历史，进入了中国计算机产业飞跃发展的奇迹时代。

博物馆入口处，贴着一张"门票随喜"的二维码。这家博物馆不强制要求参观者购买门票，而是像微信公众号的"赞赏"一样，全凭参观者的喜好。觉得博物馆的内容尚可，扫码付款买门票，几元也不会嫌少；对博物馆的精神有所共鸣，扫码付款捐赠，几百元则更佳。

博物馆按照展品分为电脑区、手机区、游戏出版物区等。左侧一面巨大的展板上有 79 个字，印刻的是博物馆创始人苏菂的初衷："建设这里，希望能够为我们回忆曾经的历史，也希望能够留下现在年轻人的样子，也希望这里能成为创业者的精神家园，更希望能够守护这些精神的存在，希望到这里的你能有所获得、有所思考。"

博物馆的展品数量不算多，但大都有着令人拍案的故事。比如，作为博物馆整个展览起点的，是一把 600 多年前的算盘，这把算盘曾服务于山西的票号、布庄。在算盘旁边是一台 20 世纪 50 年代产的"飞鱼"牌手摇机械计算机，它曾为我国导弹发射计算过轨道。

作为博物馆镇馆之宝的，是一台打字机和一台计算机，它们标志着中文输入法在世界计算机领域的崛起。打字机是1987年上市的"四通2403"打字机，当年它不仅能处理文字，还能直接打印，最重要的是能直接打印汉字，是当时世界上少数能打印汉字的打字机。

在"四通"打字机旁边是1985年出产的"长城0520"计算机，这是中国第一台能输入中文的计算机，它让中国在计算机领域真正赶上了国际步伐。当时，这台计算机的市场零售价是"天价"——每台2万元左右，而且必须持有介绍信才能购买。

早期的苹果产品同样是博物馆瞩目的珍藏。无论是苹果最早的主板，还是最早的Mac air，都妥妥地记录着乔布斯追求完美产品的精神，让观众在参观中寻觅苹果产品的"初心"。

作为创业博物馆，布展中自然离不开创业的主题。博物馆的书架上，立着一排排讲述创业者故事的书籍。最为特别的是一本纸张已泛黄、由张天民创作的小说——《创业》，书名由郭沫若题写。这本书也因此成为博物馆的象征。

博物馆里，刘、关、张三人的雕塑别具匠心，讲述了创业版的"桃园三结义"。刘备变身公司CEO，拿着手机、发挥擅哭的本领，眼中含泪给投资人打电话诉苦；一旁红脸的关羽，面前一块画板，手持画笔，显然是公司的产品经理；睁眼就能睡着的张飞，是一位可以连续熬夜"爆肝"的优秀程序员。这个场景告诉创业者：只有齐心协力、分工明确，才能成为一个成功的创业团队。苏菂希望，到博物馆来的创业团队能在雕塑前许下初心，万一未来合伙人之间产生矛盾，可以一起再回来看看，也许能因此挽救一个团队。

即使有了好的团队，仍要承受无数压力重担。在创业的道路上，诱惑与陷阱时刻伴随着创业者。为了帮助压力重重的创业者能有一个自我发泄的地方，能有一个重新寻回自我的所在，苏菂在刘、关、张雕塑后面特别设计了一个机关，打开就是一间摆放了桌椅、茶水的达摩室，可供创业者闭关冥想。

博物馆里还有着不少堪称"回忆杀"的展品，如小霸王学习机、大哥大、BP机等。在博物馆的一角，有一座用6 800多张3.5英寸软盘堆成的小山，存储量总和约为8G，总重达115公斤。这让不少"70后""80后"参观者回忆起自己初学电脑的青葱岁月。

创业博物馆旧馆位于北京市海淀区中关村创业大街2号楼，新馆年底将在中关村鼎好大厦开馆。

# 品牌力：设计与商业的互相成就

访谈｜童慧明　广州美术学院教授，前广州美术学院工业设计学院院长，BDDWATCH 发起人
采编｜编辑部

　　本文访谈嘉宾童慧明教授，一直执教于广州美术学院，是工业设计行业的教育者、实践者、观察者。他在 2017 年提出设计驱动型品牌（BDD，Brand Driven by Design）理念，于 2018 年初创立了设计驱动型品牌观察（BDD WATCH，Brand Driven by Design Watch）研究平台，全力推动"科技＋设计＋商业"理念的创新尝试和品牌践行，在艺术和商业的发展融合中践行真知，诠释美好生活的真谛。他一直致力于推动工业设计学科在中国的发展，著文 200 余篇，设计作品近百件，担任众多国内外设计大赛的评委。在本次交流中，童慧明教授分享了自己执教生涯对工业设计学科的感悟，以及数十年设计实践中对这一行业的洞察。

## 见证发展：中国工业设计行业的活化石

中国的工业设计行业经历了从理念传播到实践普及再到品牌驱动等不同阶段，童慧明教授及广州美术学院见证了这一行业历史发展。从1986年于广州美术学院硕士毕业留校任教至今，童慧明——这位自贴"教育者""实践者""观察者"标签的工业设计学人，已在中国工业设计领域摸爬滚打了半生时光。他完整见证并参与了中国工业设计从早期理论传播、人才培养到创立设计公司投身实践的发展历程，他的经历就是改革开放后中国工业设计史的厚实缩影。

自20世纪80年代初至今的40年，中国设计与改革开放完全同步。童慧明教授富有洞见地将中国工业设计归纳为设计理念传播、早期设计实践、设计实践普及、设计能力强盛、设计驱动型品牌五个阶段。

**《上财商学评论》**：请童老师简单介绍一下自己。

**童慧明**：如果要给自己贴标签，我认为可以有三个：教育者、实践者和观察者。

首先是教育者。我从1986年起一直从事工业设计领域的教学工作，虽然2021年正式办理了退休手续，但我还在带研究生，仍是一名退休教师。

其次是实践者。我聚焦的专业方向是工业设计，并且见证并参与了中国工业设计从早期理论传播、人才培养到创立设计公司投身实践的完整发展历程。我先后5次参与创业，前3次都是设计公司，第四次是直接做品牌，一直都是设计结合产业的实践者。

最后是观察者。BDD WATCH是我的第五个创业项目，这是一个研究设计师创业的研究平台，其目的是推广设计驱动型品牌（Brand Driven by Design, BDD）理念。

**《上财商学评论》**：您是如何跟工业设计结缘的？

**童慧明**：1983年，中央工艺美术学院本科毕业的我考上广州美术学院研究生，刚好遇到工业设计在中国兴起。而广州美术学院是当时较早传播工业设计理念的三所大学之一。

在广州美术学院，我恰好赶上了王受之老师的"世界工业设计史"内部讲座，作为广州美术学院工艺美术系第一届唯一的研究生，我加入了对这一全新理论的研究，并于1986年写了题为"中国必须发展工业设计"的毕业论文。

这篇毕业论文后来作为中国工业设计协会创立的首发论文，刊载于中国工业设计协会的《设计》杂志创刊号，集中呈现了工业设计对中国未来的价值和意义。

**上财商学评论》：您如何看待中国工业设计的发展？**

**童慧明**：中国工业设计的发展可以分为五个阶段。

### 1.0阶段：设计理念传播

20世纪80年代伊始，现代设计的思想传入中国，广州美术学院发挥了关键作用。1979年冬，香港设计师靳埭强、王无邪与香港理工大学工业设计系林衍堂老师等访问广州美术学院，并赠送了一批关于现代设计（包括包豪斯）的书籍。广州美术学院工艺美术系主任尹定邦教授，组织全院教师系统消化这些专业外文书刊，开始接触世界性的现代设计发展思想。

1982年秋，王受之教授作为美国史硕士研究生从武汉大学毕业，来到广州美术学院任教。广州美术学院图书馆馆藏的赠送出版物中有若干是原版的工业设计史论书籍，英语极好的王老师对此做了一年多的深入研究。1983年秋，我到广州美术学院读研时，恰好赶上了王老师对工艺美术系教师开设的"世界工业设计史"内部讲座。讲座结束不久，学校把1980级"陶瓷装潢设计"专业调整成"陶瓷与工业设计"专业。从此，中国有了第一届工业设计毕业生。

### 2.0阶段：早期设计实践

当时，教师在课堂上教授的设计基础与各设计专业课程，所引述的理论与实践作品基本是国外的。青年教师们没有满足现状，尝试在教学之余走出校门，希望通过为本土企业提供设计服务来锻炼实践能力。

1988年夏末，华南地区第一个完全民营性质的设计服务机构——"南方工业设计事务所"成立了。他们将书本上的知识运用于实践，为广州、顺德、烟台等地的文具、家电、钟表企业提供设计服务。这是一个由完全不懂到初步认知设计实战流程的学习过程。

与此同时，广州、深圳、中山、北京等经济和社会发展比快的地区陆续出现了由高校教师、早期毕业生创立的工业设计机构。1995年前后，以联想、海尔、美的为代表的制造企业开始创建内部设计部门，与专业设计公司一起开启由设计思想传播向设计实践新阶段的跨越。

### 3.0阶段：设计实践普及

进入新世纪后，中国加入WTO为中国制造成长为"全球工厂"提供了最大的时代机遇。

一方面，长三角、珠三角地区的大量制造企业在实现由OEM向ODM模式升级过程中，需要大量具有外观设计创新能力的设计机构，这使得一批如今在专业工业设计公司领域中非常有影响力设计企业纷纷创立，如深圳的"浪尖""鼎典"，广州的"大业"，上海的"指南""龙域"，北京的"洛可可"等。这些设计企业通过专业设计服务加速实践的发展与实力的扩充，从单纯的外观设计向工程设计、模具监制等研发链条的新板块延伸，与企业客户形成更密切、更长久的合作关系，从而开启了中国设计实践全面发展的新局面。

另一方面，联想、海尔、美的、TCL、创维、海信等已有自主品牌的大企业工业设计部门，通过与国内外设计公司、高校的合作，在设计创新与研究能力方面获得快速提升。

2000—2010年，中国设计发展的推动与引领力量实现了由高校向设计公司和企业设计机构的实践转换的过程。

### 4.0阶段：设计能力强盛

得益于企业对设计价值认知，以及设计师群体专业素质的提升，打造产品级好设计的能力与水平获得了很大的成长。在红点、IF、G-MARK、IDSA等全球顶级设计奖项中，来自中国的参评作品不仅在数量上超过或逼近主办国，而且获奖比例越来越高、获得"至尊大奖""金银奖""Best 100"等高等级奖项的数量越来越多。中国的工业设计跃升至比肩世界一流国家水平，在智能家居、两轮电动车、无人机等产品类目中已占据引领地位。

在此高速成长阶段，品牌企业毫无疑问成为中国设计产业发展的主力军，一些领军企业已搭建起以产品为核心的生态设计系统。

### 5.0阶段：设计驱动型品牌

这是目前学界主要聚焦研究并全力推动的新趋势与新方向。以小米公司为代表，这些公司拥有设计师合伙人，或者创始人就是设计师。类似的企业越来越多，成长非常迅速。"以用户为中心"的设计思维升至公司顶层发展战略，设计领导力在企业成长中充分获得创造性释放，推动了科技与商业模式的全面变革。"设计黄金时代"真正到来了。

## 创新尝试：设计驱动型品牌，使设计商业价值最大化

基于对设计战略与管理的学习与思考，结合创业公司的实践感悟，童慧明做了一个系统知识上的整合，提出了关于设计驱动型品牌概念——特指将用户体验为中心的设计思维驱动所有商业活动的品牌，把设计思维覆盖至从品牌定位到用户定位、产品定义、产品设计、供应链管理、生产组织、市场营销、品牌传播、售后服务的

全业务链条所有环节。同时，他还把 BDD 的特点概括成五个"高"：高设计、高品质、高成本、高利润、高情感。

设计驱动型品牌理念的诞生，主要有两个先决条件：一是与技术相比，设计在产品研发中的地位越发重要；二是设计的高价值与低价格的矛盾日益显著。

从本质上来说，设计驱动型品牌符合中国产业升级的大势，中国制造业要想向全球中高端价值链攀升，打造自己的品牌是必由之路。而设计驱动型品牌战略或许有望成为这条价值攀升之路的有效路径。

**《上财商学评论》：请童老师阐述一下设计驱动型品牌与设计终极目的之间的关系。**

童慧明：从20世纪80年代到现在，我亲历了中国工业设计快速发展的40年历程，发现设计目标可以分为两种：一种是物理方面的，即做出一款好产品；另一种是利用设计打造驱动型品牌，这是未来的发展趋势。

之前的40年，设计的整体目标都是为了创造好的产品。

例如，设计教育，从人才的培养到培养效果的评价都是基于物理介质的，即能否做出一个真实的、非常棒的实体产品。进入互联网时代后，交互设计、界面设计加入了设计的大家族，但目标依然是将一个产品做好。

通过实践，大家逐渐意识到，仅是做好设计，回报未必最大。如果要想自己的设计获得最大回报，那么最佳的方案是用自己的品牌售卖自己设计研发、生产制造的好设计。

所以，打造设计驱动型品牌才是设计的终极目标。因为必须要有好的品牌，才能实现设计商业价值的最大化。

**《上财商学评论》：设计驱动型品牌对于品牌和企业而言，究竟有何商业价值？**

童慧明：我最近一直在考虑设计公司的转型问题。比如，深圳的一家设计公司为另一家品牌公司设计产品，产品设计得非常好，并成功为品牌公司带来近20亿元的营业收入。但在这项成功的合作中，设计公司仅收到少量的设计费，品牌公司的20亿元营业收入与真正创造产品的设计公司没有一点关系。

从目前看，很多产品在技术层面并没有创新，也不是了不起的独家科技，都是一些常规的技术，因此设计才是品牌寻求差异化竞争优势的重要手段。可以说，优良的设计为品牌创造了最大的商业价值。

所以，打造设计驱动型品牌对于品牌和企业而言很有必要，甚至可能是设计公司的唯一出路。

**《上财商学评论》**：对于"科技 + 设计 + 商业"的完美融合是判断设计驱动型品牌创建成败的关键，您能否做一些详细的解析？

**童慧明**："科技 + 设计 + 商业"的底层逻辑是用设计思维把科技发明、创新的成果转化为能被消费大众喜爱与接受的物质化产品，经批量化、规模化生产后在终端市场销售，通过设计创新实现科技成果向最大商业价值的转化。

详细说说三者之间的互动关系。

科技发明者最大的兴趣点是把新技术、新材料、新工艺转化为具有使用功能的物品原型机，但要变现的话只有将它转换成产品后才能实现。

在转换为产品的时候，就是设计的主场了。这里的设计，不是通常的画一个设计图，而是一种大设计——这种具有功能价值的产品原型用什么品牌承载，用户是谁，以何种样貌呈现，成本如何，采用何种工艺生产，怎样销售，如何定价，等等。在商业价值最大化的过程中所必须面对的这一系列复杂问题，都应当用设计思维进行系统化解决。

设计思维是一种以人为中心，将人的需求、技术的可能性和商业的成功要求整合为一的创新方法。这种方法要求设计师必须具备与各种专业人才协同创新的能力，并在产品定义、用户定位、工程设计、工艺路线、CMF 设定、营销模式、产品传播等各重要环节提醒团队把用户置于第一位。

因此，设计驱动型品牌的核心要素是"以用户为中心"。以此为原点，规划品牌、定义产品，选择用户能接受且能够采纳的合适技术（不一定是最先进的技术），用最合适的成本将其生产制造，选择最合适的渠道销售给终端消费者。

**《上财商学评论》**：我们在了解设计驱动型品牌理念时，发现学术界还有市场驱动性品牌、科技性驱动品牌等概念，这些理论有什么区别？

**童慧明**：无论是市场驱动型品牌、科技驱动型品牌，还是资本驱动型品牌、服务驱动型品牌，我们真正需要关注的核心是哪一种驱动类型离用户最近、哪一种驱动力品牌把用户放在最中心。

通过比较，你会发现，只有设计驱动型品牌几乎 100% 以用户为中心。

**《上财商学评论》**：以用户为中心的设计思维，如何指导项目落地与实践？

**童慧明**：当一个企业将"以用户为中心"的设计思维作为其顶层思维方式时，它在资金使用、服务体系、售后体系等方面与普通企业肯定不一样。由技术驱动、市场驱动的企业，大多是站在自己的角度思考问题。

例如，在产品研发过程中遇到技术瓶颈时，将"以用户为中心"的设计思维作为其顶层思维方式的企业会考虑：这个功能可以为用户带来最大价值，能否通过科技创新来突破技术瓶颈？虽然别人尝试过，我们还有没有改进的方案？而技术驱动型企业往往由工程师决策，他可能会说：你的想法以现在的技术无法实现，你不要往这想了。

产业赋能：设计思维将成为商业社会的通用思维

作为设计驱动型品牌核心思想的设计思维在企业经营中有更大的价值。

具有设计思维和创新方法的企业从拓展方向定位、品牌定位、用户定位到产品研发，全流程都把用户体验置于首位，所有的创造都围绕为消费者创造更好的产品和服务运作，因此，品牌成长力才巨大。

实际上，设计思维早已在各行各业发挥着重要作用，尤以IT互联网产业为盛。

《上财商学评论》：童老师反复提到的设计思维、以用户为中心在互联网产业中也很热门，这是一种巧合还是两者间有着某种必然的联系？

童慧明："以用户为中心"的理念，最早来自设计行业。这可追溯到词语"用户体验"的发明人——斯坦福大学教授诺曼·唐纳德。诺曼在1990年之前就出任苹果公司用户体验实验室的负责人，他曾在一次采访中说道："我发明了'用户体验'这个词，因为我认为人机界面的可用性太窄了。我希望它能覆盖设计系统的各方面经验，包括工业设计、图形界面、物理交互和使用手册等。"苹果公司最早使用图形界面，就是因为对用户来说图形远比文字更容易识别和掌握，而当时的 DOS 系统只有专业人士才能输入指令。若要实现乔布斯当年"让每个人的桌面都摆上一台苹果电脑"的愿景，技术驱动型的 DOS 系统永远做不到。

源自设计界的"以用户为中心""用户体验"理念，后来被同在硅谷的一家设计公司 IDEO 进行了更利于被商业界理解的转译，即使用"设计思维（Design Thinking）"来突出它是借鉴设计师工具包的一种跨领域思考问题、进行协同创新的方法。

由于诺曼与 IDEO 都位于全球计算机、互联网科技发展的聚集地——硅谷，

商学访谈　　115

必然将"以用户为中心""用户体验"理念最早在计算机、互联网行业推广，导致很多软件、互联网工程师误以为是由自己行业提出的。

**《上财商学评论》**：难怪设计思维、以用户为中心，让我们听起来如此亲切，原来是设计师改变了互联网行业的走向。

**童慧明**："以用户体验为中心"的设计思维，在中国产业中的推广应用出现了"鄙视链"——认知理解度最高、应用最广的是计算机和互联网行业，逐级下沉至智能硬件、家用电器、电子电气、日用产品、家具等行业。

不少来自计算机、互联网行业的创业者"降维"进入制造业后在非常短的整合发展中颠覆了整个行业，很重要的原因是他们掌握了"以用户为中心"的设计思维。他们在创新产品、创立品牌、整合资源、拓展渠道等方面的视野，比传统行业"宽"很多。传统行业在被颠覆的同时，完成了互联网化改造，当所有传统行业都完成改造后，经济运行的整体效率或许就会大幅度提升。

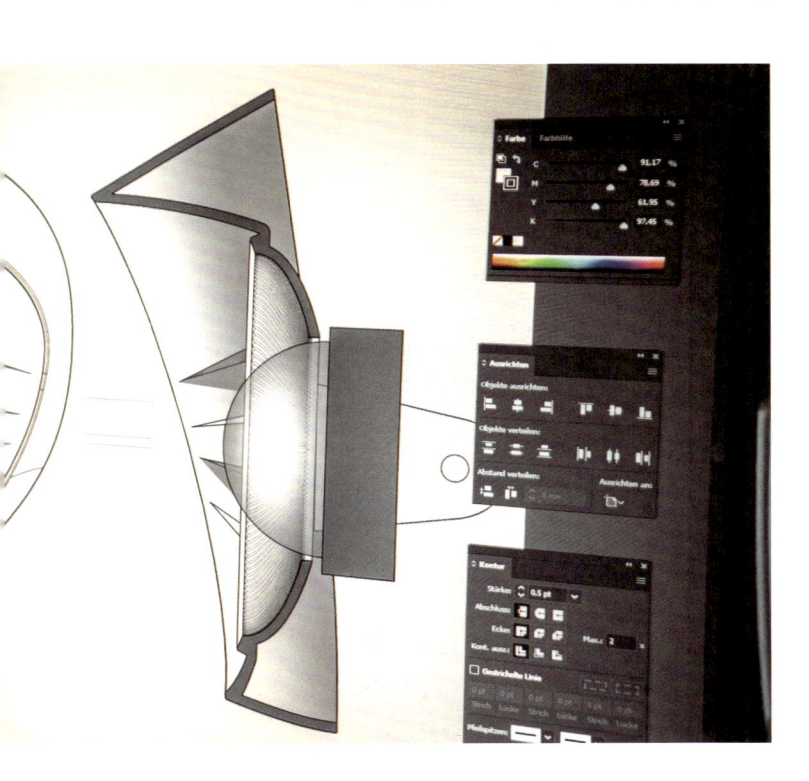

**《上财商学评论》**：这是很有意思的话题，有互联网行业背景的创始人，因为有技术所以有能力改造周边产业，但反过来，是不是因为互联网的网络效应、网络规模导致有互联网背景的传统企业发展得更迅猛？

**童慧明**：人类的生活方式中，智能化一定是大趋势。

一个喝水的水杯，我们说它是智能化的杯子，现在可能会让人觉得可笑，但是20年后也许就不觉得可笑了。相对于普通的水杯，智能化的杯子也许能够提供更多的功能。

传统的制造业想要改变自己的认知，将智能化加入现有的产品，这个变化的速度远远不及拥有互联网基因的企业。

只要愿意花时间，就能学习、掌握传统制造业的诀窍。拥有互联网基因的企业，一旦掌握了传统制造业的诀窍，就能很容易地把智能化等新技术、新理念融合进来，从而产生全新的物种，并对行业产生引领性作用。

## 跨界融合：人工智能技术赋能设计行业

以人工智能为代表的新技术正不断涌现，并深入产业赋能改造传统产业。设计行业同样迎来了技术加持的新机遇。

童慧明发现，人工智能已在平面设计领域取代了人工。未来，在与 AI 设计师的合作中，人类的价值主要是审核及选择设计方案，人类将彻底从重复劳动中解放出来。

由于法律落后于技术发展，人工智能在赋能设计的过程中遇到著作权等方面的问题，如何科学解决这些问题考验着行业从业者。

无论怎样，一个崭新的人机共生时代已经来临。

**《上财商学评论》近年来，人工智能、大数据、区块链，以及元宇宙等新技术不断出新，技术的更新迭代速度也在加快，这给传统的设计行业带来了哪些机遇与挑战？**

**童慧明：**对设计行业来说，人工智能和大数据的融合，一定会产生替代性的新设计工具。按现有趋势，在平面设计领域，由 logo、图形、图片、文字、版式、色彩等要素构成的产品，以及品牌传播所用的海报、宣传册、包装、详情页等的二维设计，正快速被 AI 机器设计替代。

这种变革，阿里巴巴"鹿班设计"系统在每年"双11"期间充分呈现，解决了数十万国内外品牌、数百万种商品同台销售的海量设计需求。这是用传统人工设计完全无法企及的。

伴随 AI 机器设计系统的应用普及，未来的平面和视觉设计行业将只需要主导创意与审核、选择设计方案的设计总监，其他的具体执行工作都将交由机器完成。随着机器学习能力、人工智能技

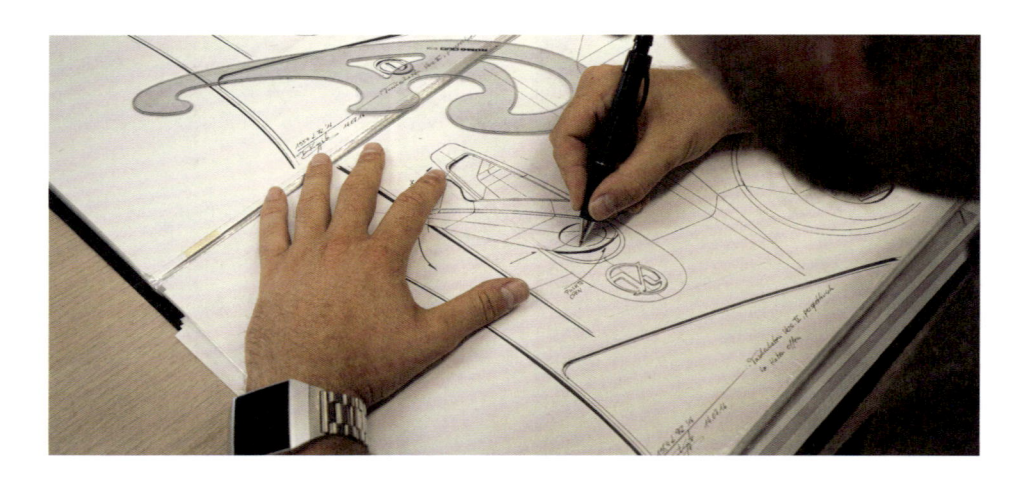

术水平的提升，工业产品、建筑等复杂程度更高的三维设计都有可能完全由AI机器设计系统执行。

虽然现阶段AI机器设计尚未达到人类大脑的能力，可以基于经验、审美及各种复杂要素在瞬间对方案做出选择与判断，但是人工智能和大数据对设计行业的影响将是巨大的。这也是倡导设计师要辨明未来变革趋势的原因，设计师应通过拓展自己的知识架构努力成为创业公司的决策者，而不能沉浸于舒适圈、满足于做一个执行者。人工智能逐步替代人类从事的各种工作，是科技发展的必然趋势，设计行业不能置身事外。

**《上财商学评论》：品牌方应该怎样让新的技术应用于设计，从而产生更多有价值的数字化资产？**

**童慧明：**第一，可以利用云技术对数据进行存储。传统上，数字化资产一般都存储在硬盘里。但因硬盘坏掉导致数字资产遗失的事件常有发生，所以数字资产最安全的存储方式不仅是要放在从逻辑上讲能永远不受侵害的云平台，而且要应用数字化管理系统来科学、系统地管理。

第二，可以利用AI技术对数据进行深度发掘。AI会学习资源库如何生成，然后基于对资源的了解和学习，根据用户的需求自动生成新的设计方案。这个功能在平面设计上已经实现了。

对每一个品牌来讲，它的资源库一定要有利于人工智能的调用和学习，有利于人工智能生成新的方案。

**《上财商学评论》：人工智能生成新作品是一个前沿领域。虽然技术上可行，比如莫奈的星空，用人工智能习得它的画风用一些图片渲染成有末代画风的作品，但是，人工智能二次创作的作品，品牌价值到底有多大？毕竟它可以批量生产。在传统观念里，艺术品的价值更多地取决于稀缺性利用人工智能批量生产的作品，真的有价值吗？**

**童慧明：**我觉得，关键在于作品的著作权人。他如果能用品牌的思维来做这件事，那么会有很大的创意发挥空间，而且可以产生巨大的商业价值。

同样拿莫奈的绘画来讲，我们从莫奈的画作中选取一个1平方厘米的小色块，用高精度的相机拍摄它的细节并放大，可以看到笔触的痕迹和颜色的斑斓，会看到完全不同于正常视角的景色，那就可以考虑将这个部分变成一张全新的绘画。虽然这是由机器绘制的新画，但它从属于莫奈品牌。

也就是说，莫奈虽然不在世了，但他的作品是非常重要的创作源泉，是他的作品奠定了品牌的风格，所有通过他的绘画衍生出的新作品都属于莫奈品牌。

因此，只要莫奈的后人愿意，其商业价值还是很大的。

《上财商学评论》：让更多的企业能够从 AI 技术中获利已越来越成为社会共识，设计是否也有类似的操作？

童慧明：完全可以。我认为，科技向善的本质是设计向善。这两年，设计向善在设计行业已经被很多次提到了。

## 畅想未来：中国如何成为设计驱动型品牌大国

中国品牌的崛起，也是大势所趋。

童慧明认为，领军中国制造的标志性品牌中，2010 年后诞生的设计驱动型品牌占据重要位置。源自中国市场的内生性设计创新力量，在各类消费品产业市场洗牌的同时，重塑高品质的"中国制造"国际形象。这类似于 20 世纪初德国由设计变革引发的产业及品牌涅槃，势必对传统企业构成巨大挑战。即使是曾经的著名品牌，若不能彻底改变自身，也终将在品牌的竞争中出局。

虽然存在不少困难，但是中国的设计驱动型品牌发展已驶上快车道，14 亿人口的中国市场、独一无二的中国制造业，为中国的设计创造提供前所未有的巨大机会，并对世界产生重要的影响。

《上财商学评论》：中国设计界取得了哪些里程碑式的成绩？

童慧明：一方面，中国的工业设计的社会认知度、行业应用程度及产业渗透率都有了很大的提升。尤其是近几年，国家关于科技创新的文件中越来越多地将工业设计作为一个重要的组成部分。中等规模以上的制造业企业，也都开始组建自己的设计部门。中国制造业已从过去借鉴、模仿国外产品过渡到依靠自我研发、自我设计的新阶段。省级、国家级工业设计中心陆续建立，工业设计展、设计周经常举办，这都表明：中国目前是全球设计活动最繁荣的地区。

另一方面，评价工业设计的创新能力有一个很重要的评价指标，即获得国际设计奖的数量和级别，如红点奖等。每年，都有越来越多的中国产品获得这些奖项。

《上财商学评论》：中国为什么没有自己的设计类大奖？

童慧明：日本、美国等国家的工业设计历史已有 100 多年，德国甚至有 150 年；红点、Gmark 等奖项的历史也很悠久，大多都有 50～60 年。这使他们的国际影响力已经建立。

中国设计类奖项的影响力还不够，需要时间的沉淀。

**《上财商学评论》：** 如果大奖能够孵化未来的世界知名品牌，那反过来，是不是世界知名品牌也有利于打造设计类大奖的品牌。

**童慧明：** 一定是这样的。

目前的设计类大奖，大多只是关注物理化的产品本身。在未来，这些设计类大奖都应有一个产品升级，即对品牌进行综合评价。综合评价的指标包括产品的影响力、财务状况、市场表现等。

**《上财商学评论》：** 中国设计行业目前有哪些局限？

**童慧明：** 我认为，还是认知的问题。

认知问题最终影响对工业设计的认知，并决定企业招聘的设计人才类型。传统的设计理念大多只局限于产品阶段。如果从大设计的角度，特别是品牌的角度出发，重新认知设计，那我们在教育方面还要加强设计思维和商业的教学，并且要加强实践。

**《上财商学评论》：** 设计与中华民族的伟大复兴有何关系？

**童慧明：** 未来，无论哪个行业，排名前三的优秀品牌中都有中国品牌，是我认为的真正的中华民族的伟大复兴。

中国要做强制造业，不能仅靠技术和便宜获得订单，应该整合先进的技术、优良的设计和高品质，通过高价格来获得优势。

以深圳为例。在过去的二三十年中，深圳是全球生产制造之都，因此，深圳也是中国第一个世界设计之都。但我认为，深圳作为世界设计之都是过去式，深圳的新目标应该是成为世界设计驱动型品牌之都。深圳的制造业应该能够孵化更多的世界影响力，甚至是很多行业占据第一位的品牌。

**《上财商学评论》：** 对于打造设计驱动型品牌城市，您有何建议？

**童慧明：** 我们可以用公司的概念来看待国家和城市，其逻辑是共通的。

例如，洛杉矶任命城市的首席设计官，就是用设计思维对整个城市的规划、产业布局等进行重新思考，并制定一种可持续发展战略。首尔曾有一位副市长是设计师，他重塑了首尔的国际形象，他申报举办了2008年的世界设计大会，借助大型活动对整个城市设施进行高水准的升级。

只有这样的机制设计，才能实现"打造设计驱动型品牌城市"的可能。

**《上财商学评论》：** 就推动国潮更高水平发展，您有何建议？

**童慧明：** 国潮的"国"，一定是中国创造。那"潮"呢？有人认为是中国风格、中国文化。而我认为，"潮"应该是潮流。在一个国家里流行，不是潮流，只有在全球流行，才是潮流。

所以，源自中国创造，最终走向全球，并被全球消费者所接纳的潮流，才是国潮。

抖音和TikTok是最典型的，它们源自中国并最终影响全世界，就是国潮。

中华民族伟大复兴的本质，就是从我们这里走出去，走向全球，最终被全球的市场和用户接受。

**《上财商学评论》：如何培养更多有设计驱动性品牌的CXO，或是用什么方式帮助他们成长？**

童慧明：培训。

虽然CXO大多不是设计出身，但是通过培训可以让他们认知到，好设计一定能够成就好生意。

当然，仅仅认知是不够的，还要落地和执行。当CEO对设计思维有了认知后，他就需要有一个非常好的合作伙伴，即设计副总裁。只有有了设计副总裁，企业才能将设计思维的认知转化为企业的创新行动。

此外，企业还应该在员工层面大力推广设计思维。只有一步一步地执行，企业的设计思维文化和设计驱动基因，才能一步一步地建立。

**《上财商学评论》：如果说设计是一种领导力，那是不是意味着商学院会成为下一个最大的设计师产出地？**

童慧明：早在2016年硅谷发布的《科技中的设计》就对此有所提及。世界排名前十的商学院全都开设了设计思维课程，培养未来的企业家。

从用设计思维覆盖企业全业务链的角度看，学过设计思维的商学院学生更有机会在创业时成功打造设计驱动型品牌。

**《上财商学评论》：好设计成就好生意，您对想要创业的设计师们有些什么建议？**

童慧明：要有专业的设计能力，能够将产品做好，这是创业的基础与出发点；在赛道选择、团队选择、供应链选择、渠道选择等方面，要跳出设计师的传统认知，要花时间对业务的各个环节进行充分学习和了解。

也就是说，在角色定位上，设计师要把自己从一名设计师转换成一位企业家。要克制地设计，要更多地考虑设计与其他要素的融合与平衡。

## 采访后记

从西方工业设计理念的传入，到中国设计频获国际设计大奖，再到国潮等具有中国特色的设计与产品在海外走红，中国工业设计已经走完了从萌芽到成长的上半场。在下半场，推进工业设计与产业的深度融合，推动工业设计与行业的跨界创新，进一步巩固中国工业设计的国际影响力，不仅是行业目前面临的最大任务，更是时代赋予中国产业的红利，设计驱动型品牌无疑是实现这一目标最有效的方法之一。

这种理念正成为行业共识。在创业领域，以小米为代表的企业已将"以用户为中心"的设计驱动型品牌核心理念纳入公司战略，并以此为核心不断倒推技术研发，不断推动产业升级、商业创新与社会美好。

随着技术的迭代、设计驱动型品牌理念的深入人心，中国的工业设计时代未来可期！

# 04

# 预想图

**走向"现实"的虚拟人** ＃技术派
文｜洪倍　大数据系列架构专家，入微智能创始人 CEO

**元宇宙昙花一现？** ＃创课堂
文｜于佳宁　中国移动通信联合会元宇宙产业委员会执行主任，
《元宇宙》作者

**元宇宙与宅生活：新技术与新生活的共舞** ＃创课堂
文｜编辑部

**新国朝美学经济研究与 TECA 模型** ＃创课堂
文｜白微微　特别事物研究所首席顾问，同济大学设计人工智能实验室博士，上海交通大学文创学院客席导师

**盲盒的消费记录，是这个时代的价值透支** ＃创课堂
文｜编辑部

赋能商学实践　　传播商业文明

# 走向"现实"的虚拟人

文｜洪倍　大数据系列架构专家，入微智能创始人 CEO

"虚拟人"说新也不新，从 2021 年开始，这个词就持续在科技媒体、互联网和游戏行业发酵，甚至有著名券商和投行机构喊话："这是未来十年的又一个赚千万亿的机会""是经济发展的重要拐点"……

目前，虽然很多方面尚不成熟，但丝毫不影响元宇宙的热度。对于资本市场而言，创新买的就是预期。虚拟数字人因元宇宙概念的加持，为市场所瞩目。一些虚拟数字人纷纷"逐梦演艺圈"，其中不乏真正坐拥巨大流量，称得上"偶像"的 IP，所获得的商业效益亦十分可观。有行业报告显示，2020 年中国虚拟数字人行业市场规模约 2 000 亿元，未来随着市场接受度进一步拓宽，2030 年中国虚拟数字人市场规模将达 2 700 亿元。[①] 虚拟数字人很可能是人类迈向虚拟世界元宇宙的一个切入点。

作为一项瞩目的商业创新，元宇宙虚拟人的发展方兴未艾，各种关于虚拟人的科普文章层出不穷，皆在试图帮助大众了解元宇宙及虚拟人概念。本文从市场需求和产业化的角度为读者讲述元宇宙虚拟人。

①数据来源：量子位虚拟数字人白皮书.http://www.sgpjbg.com/baogao/55714.html.

在江苏卫视 2022 年跨年演唱会上，邓丽君的虚拟人与歌手周深同台演绎数首经典歌曲让无数观众眼前一亮，这让人不禁思索元宇宙、虚拟人及现有的智能机器人已开始入局人类社会。畅想若干年后的场景：气象台播音员、电话接线员、翻译、聊天伴侣等，都是虚拟人从事的工作；想约朋友聊天，即使躺在床上，也可以用事先虚拟化的自己与对方的虚拟人约在元宇宙的一个咖啡屋，两个虚拟人相对而坐侃侃而谈；日常上网可以由自己的虚拟人协助，既可以到知乎上回答问题，也可以爬虚拟长城拍摄一段虚拟视频发抖音和快手，还可以去拿外卖；在网络中看到喜欢的虚拟人，可以在得到该虚拟人的授权后下载，通过 3D 打印或智能制造，第二天就能收到。

这些意味着什么？真的会实现这样的世界吗？这样的世界真如我们设想得如此美妙吗？

## 虚拟人是不是伪需求

通向元宇宙"大世界"的"小切口"是"虚拟人"，虽然研发艰难、投入巨大，但随着元宇宙概念的爆发，虚拟人正被赋予更多的希望。现在的情形，是科技大企业一边争相投资建立虚拟世界，一边往上"抹糖衣"，虚拟世界还没建好，"糖衣"却已吸引了一大波狂蜂浪蝶往上撞。

来自元宇宙的虚拟偶像天团、出道即巅峰的虚拟美妆达人——柳夜熙，在社交媒体账号的成名作是一个时长 128 秒的视频。视频中，化着古风妆的虚拟人柳夜熙，游刃如丝地挥动着手中的魔力画笔，轻轻地在一个现实世界小男孩的眼眶描了两笔，随即一个由妖魔主宰的虚拟世界在眼前展开，柳夜熙立刻上演一出"捉妖记"，所有恐怖瞬时退散，似乎她握有虚拟世界与现实世界互通的密钥……这个有着精美特效、充满赛博朋克色彩的出道之作，使其"吸粉"近 500 万。在巨大的市场规模与商业价值背后，虚拟人的成名之路是否有迹可循？虚拟人的未来究竟是"科技泡沫"还是"钱途无限"？

从定义来讲，虚拟人应称为 AI 虚拟数字人，是人工智能驱动的数字化拟人形象，它不是真人、没有肉身，本质是各种人工智能的一种展示和交互形式。由此可见，虚拟只是表面需求，智能化和数字化的交互才是其真正内涵；人形只是一种交互展示形式，让拟人形象解决使用者的实际需求和问题才是核心。

人们似乎更喜欢虚拟人的称法，这导致了一种与"自然人"相对立的理解，让大多数人会倾向性地认为虚拟人的主要作用是对自然人的替代。于是，虚拟主播、虚拟偶像、虚拟导购、虚拟客服等，凡是一切可以被虚拟化的真人都被尝试，而真正能满足用户需求、产生商业价值的案例少之又少，大多数的案例都沦为一种炫技或是形象工程。

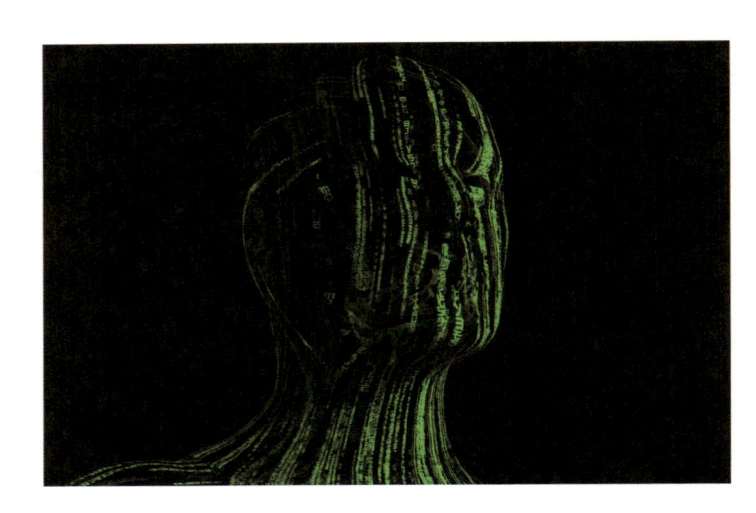

最经典的炫技案例，当属英伟达黄仁勋的虚拟发布会。这除了让黄老板变得更可爱之外，更多的作用也许是帮英伟达多卖了几块高端显卡，至于显卡被用户用来"吃鸡""挖矿"还是生成虚拟人，黄老板完全不会"care"。同样，清华和微软的虚拟歌手华智冰、阿里平台的虚拟播主 Ayayi 等，大多是自娱自乐，唱唱歌、亮亮眼，作为道具配合 PR 和营销，并未看到实际的商业价值。

真正的商业价值——老牌虚拟偶像初音未来、洛天依、林明美们依靠优质的二次元纸片人歌舞动漫输出赚足了粉丝眼球和应援投喂，行业规模达数十亿元，倒也没见到他们需要人工智能和超现实拟合？

残酷的现实让我们冷静地思考一个问题：AI 虚拟数字人到底解决了哪些需求和问题，尤其是痛点问题。

众所周知，马斯洛的需求层次理论已经完整发表近七十年，从生理和安全上升到社交关爱、被尊重与自我实现。显然，AI 虚拟数字人作为一种交互形式，在生理需求层面，可以满足视觉和听觉的感官需求；从安全层面，没有实体的虚拟人不仅没有给人安全感，甚至会因为一些偶发的故障导致不安。一个相近的例子是 Amazon Alexa 半夜阴森冷笑给用户带来困扰的超尴尬事件，突然失控的亚马孙人工智能 Alexa 在没有收到任何指令的情况下突然发出阴冷的机械音笑声，吓坏了很多用户。

在社交层面，智能音箱和未来虚拟人通过人机对话的确可以解决部分排遣孤独的需要，但要真正解决关爱的需求恐怕很难。Sony 的 Aibo 机器狗自 1999 年问世到 2006 年停产，仅卖出 15 万台，虽然 2018 年发布了升级款，但到目前估计也只卖出几万台。这个数据表明，用有实体的机器狗替代宠物的用户少之又少，更何况一个无实体的虚拟人。至于获得尊重、实现自我更是和机器无关，一个机器的刻意恭维显然不会让人有满足感，自我实现靠的是毅力与意志，而不是工具或装备。

有很多从业者对此有反驳 过往的人工智能技术尚不成熟，导致设备的偶发故障，让虚拟人不能很好地模拟自然人，最终无法满足用户的需求，或产生不可控的侵扰。这种说法虽然是实情，但他们忽略了重要的一点：人工智能程序还无法输出真实的情感，或者即使输出了情感也不会被真人认同，输出的情感只是被视作由机器控制、算法创造的虚情假意，而人类对"虚伪"有着天生的厌恶，因为"虚伪"往往和不安全连接在一起。

对需求层次的逐层比对后，我们发现虚拟人的需求悖论出现了：从业者希望用虚拟人替代实体自然人，而虚拟化技术却违背了自然人对"虚伪"的厌恶，甚至可以说虚拟化做得越好越让人感到不真实。这恐怕已经不仅仅是"恐怖谷"效应的虚实之线，而是实际影响了虚拟人发展的地基。

英剧《黑镜》第二季的《马上回来》《瓦尔多的一刻》真实地反映了这种虚拟人需求悖论。《马上回来》中，无法忘却身亡男友的玛莎，依靠 AI 虚拟人拟合的男友活在过去，虽然虚拟男友是从语音、图像、动作甚至发展到能满足生理需求的实体设备，但最终玛莎还是无法接受机器拟合的虚情假意，她摆脱虚拟美去拥抱回归有残缺的真实生活。《瓦尔多的一刻》中，电视直播时虚拟蓝熊的幕后配音和操作者吉米用真情实感进行反击把自己推到了前台，吉米不甘心成为别人操控的傀儡，更不愿意操控虚拟偶像骗取民意，虽然最终以悲剧收场，但剧组呼唤真实、鞭笞虚伪政客利用虚拟形象操控公众情绪的意图，已深入观众脑海。

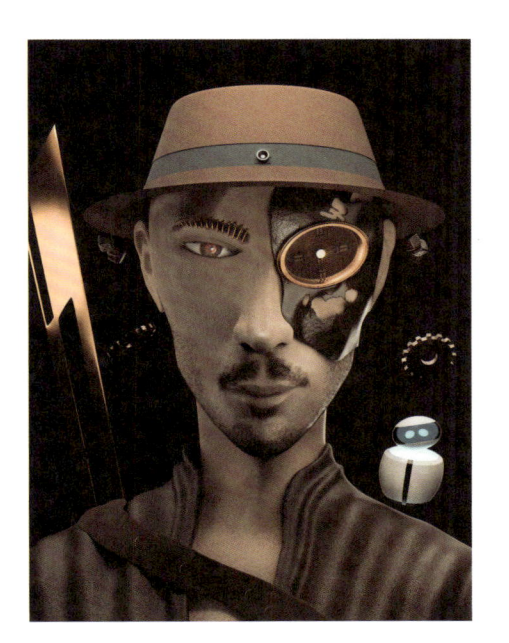

所以，沉迷于虚幻、执着于假象的虚拟人，真的是自然人的真实需求吗？

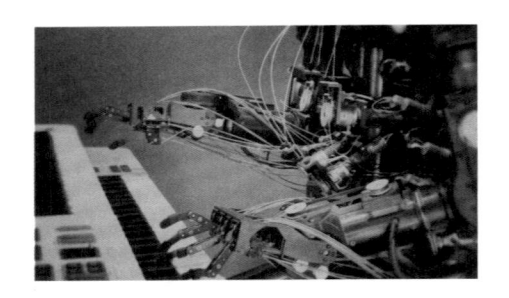

## 如何打破虚拟人的局限

《马上回来》的科幻剧情到现在仍没有完全实现，甚至可以说剧情所描述的虚拟人技术和应用模式是现在虚拟人乃至机器人行业从业者的终极理想状态。类似的理想状态在阿西莫夫的科幻巨作《银河帝国》、沃卓斯基的三部曲电影《黑客帝国》、HBO 科幻剧《西部世界》等科幻作品中不断展现。熟悉这些科幻作品的人会发现，这些作品无一例外地将虚拟人扩展为实体机器人，并不断地探寻"人类所拥有的真情实感和自由意志是否能被程序模拟和创造"问题的答案。

在这种理想状态的探讨中，我们不难发现，现有的虚拟人技术不论是物理硬件形态还是软件工作方式，都仅是一种过渡产物——既不具有肉身，也少了灵魂，空有人的"皮囊"。

回到 AI 虚拟数字人的定义，我们发现"虚拟"对应的是"皮囊"，灵魂对应的是"AI""数字"和"人"。很多公司的"虚拟人"解决方案，都在追逐完美的光影效果、逼真的皮肤衣着，甚至花了很大的力气追求虚拟偶像脸上雀斑的真实性。大量的工作都是研究虚拟形象的逼真写实、渲染制作、动作捕捉，为的是让虚拟形象的外在视觉展示更像人，却很少有人关心虚拟形象的行为模式内核能不能更像一个人。

想要虚拟人更好地实现落地应用，还需要有很长的技术积累时间。例如，AI 虚拟数字人所依赖技术包括形象驱动和渲染技术、语音合成技术、语音识别和自然语言处理/理解（NLP/NLU）、计算机视觉和图像识别、动作识别和表情捕捉、深度学习、推荐引擎等，外在呈现相关的技术包括实时渲染技术、表情控制和驱动模型（运动生物力学）、语音合成技术等。这些技术一是主要负责对外输出而不需要处理不可预知的输入，二是有完善的光学、力学、声学和生理学等基础理论模型做算法的支撑，因而近几年随着 CPU 和 GPU 算力的快速扩充，这些技术都得到了快速的发展，并实现了低延迟、高质量的输出。

随着显卡算力和图形学算法的突飞猛进，三维形象的渲染效率越来越高，低延迟的实时渲染不再是虚拟人技术的瓶颈，高效的渲染技术已经在一些大型 3D 游戏、VR 设备的应用中积累了丰富的实战经验。

虚拟形象的运动和表情控制，目前还缺少足够的训练数据。过去的 3D 形象运动或表情动画采用手工逐帧调参或拍摄并采集真人动作数据的模式，因此缺少体系化的运动生物力学模型库，表情数据库也少。随着人类的运动生物力学数据、人体工程学数据、表情数据的逐渐积累，运动生物力学模型不断完善，虚拟形象的运动和表情驱动技术将迎来快速发展。

语音合成技术已在智能语音助手、地图导航播报、自动新闻播报等领域广泛使用，虽然一些细节的处理还有待完善，但不是大的障碍。

当我们观察其他和虚拟数字人的行为模式内核有关的技术时，我们不由自主陷入沮丧：这些内核技术运行于纷繁开放的环境，需要处理大量未知而多变的输入信号，目前的各个技术似乎都进入了发展瓶颈。

以自然语言处理为例。目前，最先进的模型是 OpenAI 发布的 GPT-3，模型训练过程中采用了近 5 000 亿条语料，模型本身包含超过 1 750 亿个参数，正是如此，GPT-3 仍是一个基于历史语料数据的统计学 NLP 模型，更多地分析字词之间的关联关系——概率、序列和间距，而对语意内涵仍缺少全面准确的理解，特别是口语对话中常见的语法成分缺失、简略缩写、指代、比喻、反讽等现象出现时，模型的分析结果距离预期仍较远，时常出现答非所问。

更深一层的语义理解涉及自然语言理解 NLU，它和基于统计的自然语言处理有很大的不同，目前仍是全球的难题。最优秀的 NLU 模型包括 Google 发布的 BERT 和清华大学基于 GPT-3 研制的 P-Tuning 模型，两者的综合理解准确率都只能做到超过 70%。

伦斯勒理工学院两位科学家 McShane 和 Nirenburg 的《人工智能时代语言学》一书中，对此提出了鲜明的观点：传统的基于巨量训练数据的机器学习、深度学习的 NLP 模型仍无法应对 NLU 的挑战。语素缺失、隐喻和指代带来的隐含成分，导致传统 NLP 无法准确构建语义理解，听不懂问题的智能音箱和智能客服，是 NLU 瓶颈在另一个角度的发难。NLU 的困境带来的直接影响是智能语音助理和聊天机器人的发展遇到瓶颈，尤其是在复杂场景的多轮对话中，智能客服类的聊天机器人一直表现得不好，甚至引发顾客投诉。

自然语言理解和语音识别交叉后，还会牵出语气识别的问题。同样的文本用不同的语速、语调会包含不同的语气，隐含不同的语义和情绪，这也是 NLU 中比较大的研究盲区。

聊天机器人并不是第一个被堂而皇之谈论又突然暴跌的技术性发展。Slack 经历了指数级增长，甚至还推出一个面向聊天机器人投资的基金，期望了，建立了，然后……一切都失败了，预测并没有成为现实。Digit 的伊桑·布洛赫总结了普遍的共识："我甚至不确定我们是否可以说'聊天机器人已经走到尽头'，因为我甚至不知道它们是否曾经活过。"Heap 负责产品设计的副总裁戴夫·费尔德曼说，聊天机器人不仅是遇到一个问题失败了，它们承担了几个任务都失败了。

如果说，语音识别和自然语言理解实现的是虚拟数字人的耳朵和听觉，那么图像识别技术实现的就是虚拟数字人的眼睛和视觉。

图像识别领域的典型应用是人脸识别。刷脸已是非常成熟的技术，但刷脸显然是一种在已知模式中检索匹配的识别技术，除了按照已知的人脸模式识别用户外，对于图像附带的信息缺少感知能力，如发型发色、气色妆容、衣着配饰等。这些细节信息往往是真人社交中重要的谈资，赞美女性的耳环漂亮似乎比"今天天气真好"更容易搭讪，这会让人感到被关注和尊重。

图像识别的另一个重要分支是动作捕捉和识别，深入细分还可以分为脸部表情识别、躯干和肢体运动识别、手势识别等技术分支。目前，表情识别停留在简单的六分类算法，无法评价情绪的强度；肢体动作识别和手势识别也只能准确跟踪骨架和肢体运动轨迹，无法从中识别情绪。

所以，在虚拟人完整系统方案中，与智能相关的内核技术目前还处在人类婴儿的智力水平——听得清但不完全懂，看得见但不完全明白。因而，虚拟人除了唱歌、逗乐、卖萌外无法解决实际问题就不奇怪了，交互性差限制了虚拟数字人尤其是服务型虚拟数字人的发展。

也许只有听觉和视觉的感知智能完善了，才能为虚拟数字人美丽的皮囊注入智慧而有趣的灵魂。

## 构筑虚拟人经济模型

根据 Research 和 Markets 的研究，预计到 2028 年全球虚拟活动市场规模将达 5 047.6 亿美元（约 32 707.44 亿元人民币）。《虚拟数字人深度产业报告》预计，到 2030 年我国虚拟数字人整体市场规模将达 2 700 亿元，会迎来广阔的应用空间。AI 虚拟人李未可宣布获得字节跳动的数千万元投资。2021 年 10 月，科大讯飞推出虚拟人交互平台。百度、腾讯、华为、科大讯飞、字节跳动等互联网公司纷纷投资加码，虚拟数字人已成为数字产业的新热点。

在此背景下，发力虚拟数字人行业的科技企业越来越多。除了炫技和战略储备的大企业外，不少是创业团队，得到投资的也不在少数。据天眼查显示，2021年虚拟数字人相关投资13笔，集中在虚拟数字人、虚拟偶像及泛娱乐领域相关技术等公司；2020年相关投资10笔；2019年相关投资6笔。他们大多数来自游戏公司或AR/VR团队，因此过于追求外在展示而不擅长内在智能成为行业现状，也就不足为奇。

国盛证券团队将智能虚拟数字人目前的用途分为四大类：IP内容、服务工具、数字化身和创作载体。

显然，IP内容类的虚拟人，也就是虚拟偶像，并不需要太多的智能。因此，超写实风格的柳夜熙、Ayayi和二次元虚拟偶像洛天依、初音未来、林明美并没有本质区别。他们在录播状态下运用的是计算机软件生成的视频和音频，在直播时也往往依靠中介人的配音变声、表情和动作拟合，驱动虚拟形象在前台展示，并与观众进行交互。这种交互本质上是人与人的交互，和智能没有太大关系。

服务型虚拟人无非是为纯音频的智能语音助理配上超现实或二次元虚拟形象。服务型虚拟人通过语音的指令或对话可以满足简单的需求，如问天气、放音乐、查导航、设提醒等都，但是遇到复杂的连续问题，更多的是答非所问了。

在《虚拟数字人深度产业报告》中，服务型虚拟人的市场规模将超过950亿元，IP内容类虚拟人（身份型虚拟人）的市场规模预计为1 750亿元。因此，IP内容类虚拟人可以在各大视频和社交平台获取流量，通过免费内容的观众打赏、付费内容（如演出和授课）、担任品牌虚拟代言人、进行直播带货等流量变现方式获取收入，这在流量运营模式、内在商业价值方面和发展了十几年的虚拟偶像并没有任何差别。

IP内容类虚拟人中，游戏NPC（non-player character，非玩家角色）是另一种特殊的虚拟人形式，由于隶属于游戏生态，他们大多按照预设的剧本出现而不受玩家控制，因此更像一种不太需要智能元素的场景道具，目前，很难衡量其产生的商业价值，玩家几乎不会因为某个NPC虚拟人而爱上游戏。

智能客服多年不尽如人意的表现，让客服类服务型虚拟人很难获得企业经营者的信任，企业的CEO和CIO（Chief Information Officer，首席信息官）并不愿意为不智能的"智能客服"支出更多的预算来建立虚拟形象，也就很少有制作公司可以通过为其他企业提供服务型虚拟人制作服务获得规模化的收入。要打造制作精良的IP，在研发成本、人员成本、技术成本等的投入，半年就远超数百万元，虚拟人项目"烧钱"在所难免。

谈论虚拟人的商业价值和影响力，不得不提的说法是：AI虚拟数字人是人类进入元宇宙的重要载体和媒介延伸。用户通过打造属于自己的虚拟化身（Avatar）和虚拟偶像参与元宇宙，通过Web3.0去中心化平台实现虚拟世界的个人主权。这种说法，虽然很有价值、值得深入探索，但是前提是虚拟人的内核技术可以同时满足低制作成本和低延迟，这样元宇宙的玩家才能用个人的 Web3.0 接入终端，轻松定制一个可以实时与其他玩家智能交互的、属于自己的虚拟化身或虚拟偶像。显然，在内核技术的局限下，还有很长的路要走，正如全民短视频时代的到来需要以用户手机的视频剪辑后期处理能力大幅提升、网络速度大幅提升和宽带或流量资费下降为前提。

虽然目前的虚拟人还不够智能，而且这种不智能能被用户完整的感知且获得一定程度的容忍，但是我们必须关注一个问题——既然希望未来虚拟人会作为真人的化身、能部分替代真人的工作，那么虚拟人犯错导致服务对象利益受损应如何界定权责？

对此，服务提供者控制的服务型虚拟人权责要基本清晰，服务提供者要对服务型虚拟人进行调校后才能对外提供服务，并且需要通过服务承诺、真人巡检兜底的方式承担起相应的履约责任。

在元宇宙中，由玩家对其利用平台资源创建的虚拟人是否用有知识产权？虚拟人在元宇宙活动中产生的虚拟财物和收益所有权如何界定？虚拟人对其他玩家造成财物损失甚至实体身心伤害时如何界定责任？元宇宙平台可能是 Web3.0 去中心化的，玩家可能是匿名注册的，侵权的虚拟人是另一个虚拟人或平台自动创建的……这该怎么办？

这些问题都是 DAO（去中心化自治组织）治理所应关注的，目前这些问题并没有理想的答案。

## 完备内核，走脱虚向实之路

《马上回来》中玛莎不能满足于无形的虚拟数字人，最后买回了实体版的已亡人化身；《黑客帝国》里残存的人类，不仅在锡安与矩阵母体 Matrix 派出的机械乌贼苦斗，Neo 还通过虚拟化身回到母体中与化身特工形象的系统程序大战。21 世纪数字经济蓬勃发展，人们常常要在虚实世界切换甚至站队，虚拟人也不例外。

AI 虚拟数字人目前虽然缺少灵魂，但美丽的皮囊是否需要实体躯壳支撑，从而升级成机器人？不同的先行者对此存在很大的分歧，Sony 的 Aibo 机器狗是实体躯壳的先驱和拥趸，苹果的 Siri 则坚持虚拟。

从自然人需求的角度看，拥有实体的服务型机器人，哪怕不是人类的外形，也可以满足更多的服务需求，特别有一定危险性的需求，如攀高、负重或在高温、低氧、高辐射的环境。

对于非服务型的人形机器人，在交互智能没有演进到足够智能之前，实体机器人还不如虚拟人，至少后者的制作成本低很多，又易于复制传播，使用成本也更低廉。例如，一台 Sony Aibo 机器狗接近 2 000 美元，英国科技公司 Engineered Arts 的人形机器人 Ameca 预售价格高达 10 万英镑，虚拟偶像只需一点手机流量费和电费，两者的享用成本天差地别。

虽然虚拟人制作成本远低于实体机器人，但不容小觑，一个 3D 虚拟偶像的资金投入可达数十万元至百万元。例如，虚拟歌手推出单曲，从编曲到形象设计，成本可能高达 200 万元，且不包括传播费用。目前的虚拟人仍需要专业的制作团队，原画、骨架、场景、脚本、台词、渲染输出等都需要花费专业人员的时间精力和设备的算力。随着"虚拟人"概念火热，由于相关领域经验丰富的软硬件工程师有很大的缺口，因此虚拟人还处于 PGC 模式，不能支持大量的 UGC。

UGC 内容是生态快速社交化裂变的基础。虚拟人的生成技术从专业团队走入私人设备，是虚拟人真正快速发展的第一步。PGC 的广播模式是分身模式，目前要做到千人千面都很难，而 UGC 的玩家模式是化身模式，用户需要有更强的代入感和存在感，才能满足其社交需求、满足其获取尊重的需求。电影《阿凡达》和《头号玩家》真实地诠释了化身式虚拟人的代入感是如何逐步占领并影响玩家内心的。

2022 年年初，MIT Media Lab 开源虚拟人的生成框架，迈出了降低制作门槛的一大步。不过，由于这个框架和 Deepfake 的换脸技出同源，对"框架是否会被滥用于侵犯他人肖像权，甚至被用于诈骗等犯罪行为"的担心，也随之而来。

虚拟偶像受控于剧本出演自己的剧情，化身式虚拟人受控于真身的操作，服务型虚拟人往往有着部分自主的决策模型。前两者严格意义上说只是提线木偶，不能领受"人"的称谓。随着人工智能的发展，虚拟人的自主控制部分会越来越多，人工智能面临的机器自由意志觉醒危害人类的警告声会在虚拟人领域响起；尤其是当虚拟人获得实体躯壳成为机器人后，人类必须要警惕虚拟人对人类的反向操控。

影视作品很多时候是最好的灾难预警：《西部世界》描绘的是虚拟数字人 Rehoboam 对普通人的操控和 NPC 机器人 Dolores 对部分人类个体的杀戮，而《黑客帝国》则讲述了人工智能和机器觉醒后对全人类的奴役。

虽然这样的担忧目前看来尚属杞人忧天，但是不论是虚拟人还是机器人，都应该至少在核心设计理念层面受控于人类的法律和良知，才能造福全体人类。阿西莫夫科幻作品中提出的"机器人四法则"，同样适用于虚拟人，它为我们提供了非常完备的 AI 虚拟数字人内核的设计范式。

我们相信，虚拟人只是一个过渡，虚拟人的人机交互所积累的训练数据，必将反哺虚拟人所依赖的人工智能内核，帮助人类训练人工智能的自主决策引擎和行为模型，最终将迎来伙伴型实体机器人造福人类的时代。

# 元宇宙昙花一现？

文 | 于佳宁　中国移动通信联合会元宇宙产业委员会执行主任，《元宇宙》作者

　　身为中国移动通信联合会元宇宙产业委员会执行主任、中国通信工业协会区块链专业委员会共同主席，于佳宁对元宇宙的看法与众不同。在他看来，随着越来越多的国家开始积极研究并推动元宇宙的发展，未来元宇宙将会促进新技术、新模式的快速普及，成为国家之间创新实力和数字实力比拼的主战场。在这个领域，中国有自己的优势，但要化优势为胜势，还需步步为营、切实赋能。

　　元宇宙这个源于小说《雪崩》的科幻概念，在2021年迅速走红成为互联网热词，成为全球互联网和科技界关注的最热门话题。针对元宇宙的火爆，出现了两种截然不同的态度和声音。一方面，互联网巨头正在加大力度布局元宇宙，如 Facebook 正式将公司名称改为 Meta，百度、网易、字节跳动、英伟达、微软、迪士尼等公司纷纷提出元宇宙相关战略或业务。另一方面，有人质疑现在的元宇宙发展是在炒 VR（虚拟现实）等技术和网络游戏的"冷饭"，因而只会是昙花一现；也有人担心元宇宙是极具诱惑、高度致幻的"精神鸦片"，会让人们沉浸在虚拟世界中，故步自封，甚至逃避现实。

## 元宇宙热的爆发与技术迭代

元宇宙是与物理世界深度融合的数字空间，也是下一代互联网。其发展目前还处于非常早期的阶段，但回顾过去几年全球数字化进程的发展，我们不难发现元宇宙在 2021 年突然爆发并非偶然。事实上，元宇宙是数字化生活普及、科技融合创新，以及互联网转型升级的必然结果，是这些技术迭代效应的综合累加。

第一，元宇宙的爆发是数字化生活方式发展的必然。新冠疫情让人们在物理世界中相互隔离，线下活动显著减少，但大家在数字世界中的联系反而变得更紧密。这让人们的生活方式发生了巨大变化，在全球范围内，远程会议、短视频、线上教育、新零售等新业态快速普及，各地的人们都开始习惯于线上办公、学习、购物和娱乐。但是，移动互联网已经不能满足人们日益发展的数字化工作和生活需求，因此需要建设一个更好的数字空间，以承载未来的数字化美好生活。元宇宙被认为是解决这一问题的最佳方案。

第二，科技的创新融合是元宇宙爆发的根本推动力量。作为更高维度的数字化空间，元宇宙的发展动力是云计算、分布式存储、物联网、VR、AR、5G、区块链、人工智能等前沿数字技术的集成创新与融合应用。比如，区块链技术让数据成为资产，智能合约打造可编程的智能经济体系，人工智能构建全球智慧大脑并创造"数字人"，物联网让物理世界的现实物体向数字空间广泛映射，AR 实现了数字世界与物理世界的叠加，5G 网络、云计算、边缘计算正在构建更宏伟的数字新空间。技术快速的发展、迭代，让元宇宙得以爆发并持续深入地发展。

第三，元宇宙的爆发反映了互联网转型升级的新需求。在互联网的发展过程中，经历了从 PC 互联网 Web 1.0 到移动互联网 Web 2.0 的两次时代浪潮，出现了两条"S"形曲线。2000—2010 年，网民使用互联网的方式以 PC 为主，信息高速公路快速建设并逐步畅通。2010 年以后，随着智能手机的普及，互联网已经通过移动终端渗透生活的方方面面，移动互联网的发展可以被认为是"第二曲线"。现在，移动互联网发展的极限已经到来，互联网的发展又一次来到新的转型升级的关键节点。元宇宙本质上是下一代互联网 Web3.0，是移动互联网的"升级版"，因此成为现阶段互联网行业转型发展的关键方向。只有打通前往 Web3.0 的道路，才能进一步释放互联网产业的潜力，通过产业赋能让中国互联网行业继续领跑世界。

## 产业应用与赋能：元宇宙产业发展之关键

开放世界网络游戏是元宇宙的雏形。近年在海外市场涌现了一批备受欢迎的开放性网络游戏，如《Roblox》《堡垒之夜》及《VR Chat》，这些游戏被视为元宇宙最初级的雏形。由于游戏的试错成本低且容错率高，如果游戏中出现 bug，不会造成大规模的损失，因此非常适合作为新型技术的"试验场"。但是，构建并维持一个元宇宙需要使用大量的算力资源，并消耗大量能源，如果只为增强游戏视觉或沉浸感体验，意义并不大。

很显然，元宇宙应用不止局限于游戏。例如，Meta 旗下的 VR 头显 Oculus 最初的应用大多以游戏为主，但随着 VR 等技术的成熟和应用的发展，目前已经发展出一个完整的生态，可以承载游戏、学习、创作、社交、工作等多元化的属性。Oculus 推出的 Horizon Workrooms，将应用场景扩展到工作领域，让人们能够在元宇宙的会议室中实现"面对面"远程协作。再如，游戏《堡垒之夜》的开发公司 Epic Games 通过 Unreal Engine（虚幻引擎）这款实时 3D 创建平台，提供逼真的视觉效果，可以为游戏、建筑、影视等需要物理渲染数字画面的产业提供企业级服务。现在，Unreal Engine 的应用场景已经远远不再局限于游戏开发，而是扩展至很多产业应用场景。美剧《曼达洛人》（The Mandalorian）的拍摄就抛弃了传统的绿幕，而采用了 Epic Games 和 Industrial Light & Magic 合作开发的 StageCraft 实时 3D 投影技术，这让影视制作现场模拟出最真实的环境，产生惊人的视觉效果，也让剧组无须奔波寻找取景地，演员也不必仅依靠想象进行表演。

元宇宙的核心价值在于产业价值。在发展数字经济的过程中，"数字产业化"是手段，"产业数字化"是目的。实体经济是国家强盛之本。元宇宙最关键的应用场景是产业场景，发展元宇宙绝不是"脱实向虚"，而是通过产业赋能实现数字经济与实体经济深度融合，切实赋能实体经济全面升级，让各行各业都找到"第二曲线"新发展空间。元宇宙将前沿数字技术进行集成创新与融合应用，应用到全社会的各类场景，不仅包括远程办公、新型文创、数字社交、在线教育、在线医疗、金融科技等领域，也将在智慧城市、智能制造、产业互联、供应链管理等领域中发挥重要作用，还可以实现精细化、定制化、个性化的数字化城市管理，让人们拥有更美好、个性、舒适的数字化生活。

宝马高度自动化工厂使用芯片巨头英伟达开发的模拟协作技术平台 Omniverse，

在数字世界中搭建真实工厂的数字孪生场景，全球的工程师、设计师都可以直接在与真实工厂环境一样的数字孪生工厂中进行协作，共同进行产品规划、设计、模拟等复杂精密的工作，加快现代化制造的速度。2021年12月，路透社报道航空器制造商波音计划在元宇宙中打造虚拟三维"数字孪生"飞机，并开发一个能够运行模拟飞行环境的生产系统，工程师们可以在数字孪生系统中进行设计，也可以进行更复杂和精细化的测试。

## 元宇宙：全球竞争与中国优势

随着越来越多的国家开始积极研究并推动元宇宙的发展，未来元宇宙将会促进新技术、新模式的快速普及，成为国家之间创新实力和数字实力比拼的主战场。发展元宇宙对国家抢抓新一代信息技术发展机遇，建成创新型国家和世界科技强国，具有十分重要的意义。放眼全球，韩国是推进元宇宙产业发展较积极的国家之一。2021年5月，韩国科学技术和信息通信部发起成立"元宇宙联盟"，支持元宇宙技术和生态系统的发展。未来随着技术和生态的不断成熟，我们会看到实体产业和城市管理全面接入元宇宙。2021年11月，韩国首尔市政府发布《元宇宙首尔五年计划》，在经济、文化、旅游、教育、信访等市政府业务领域打造元宇宙行政服务生态，总投资计划为39亿韩元。日本经济产业省在2021年7月发布《关于虚拟空间行业未来可能性与课题的调查报告》，对企业进入虚拟空间行业可能面临的各种问题进行分析，并审视虚拟空间的未来前景。

从整体看，我国在发展元宇宙领域存在较明显的优势。元宇宙作为一个技术驱动的行业，技术进步和基础设施的建设是元宇宙落地和普及的关键动力。中国企业经历过Web1.0和Web2.0技术激烈竞争的发展过程，同时伴随着自主创新快速发展，在关键技术层面有着深厚的积累，为中国在元宇宙领域取得竞争优势奠定了坚实基础。以VR产业专利为例，根据前瞻产业研究院数据显

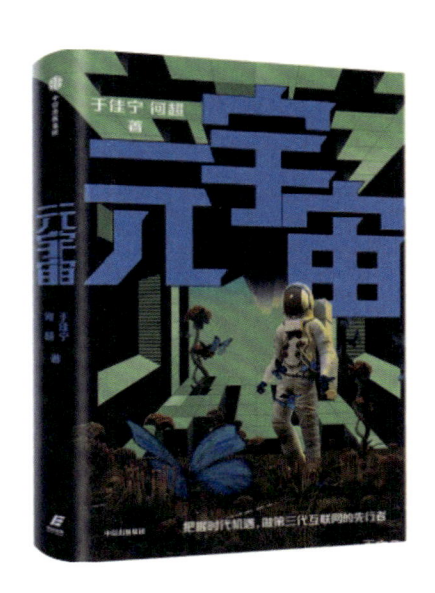

于佳宁，何超. 元宇宙[M]. 北京：中信出版集团，2021.

示，截至 2021 年 9 月，全球虚拟现实第一大技术来源国为中国，申请量占全球虚拟现实专利总申请量的 47.91%；美国的申请量占比仅为 24.88%。在全球虚拟现实行业专利申请数量前十中，腾讯、京东方、国家电网公司都位列其中。同时，全球仅在过去 5 年内才提交专利申请的申请人也全都在中国。[1]

## 从概念到落地：步步为营，切实赋能

尽管元宇宙的出现让我们对未来数字化生活充满憧憬，但也要注意，元宇宙的发展会经历比较漫长、逐步迭代的过程。需要相关技术逐步融合完善，算力和能源消耗达到平衡，法律规范逐步完善，元宇宙安全充分保障、与实体产业良性交互，才能推动元宇宙从概念走向广泛落地，切实赋能各行各业。

从技术融合方面看，元宇宙发展的关键需要底层性技术创新和基础设施建设的融合，把"点"连成"线"才能实现。所以，要构建完整的元宇宙生态，必须加快 5G、云计算、分布式存储、人工智能、大数据、物联网、数字孪生、虚拟现实、区块链等一系列前沿信息技术的深度融合，推动集成创新和融合应用。

从算力和能源平衡方面看，元宇宙构建的基础是算力，一个高度仿真且能同时容纳几百万人甚至上千万人活动的数字空间，势必存在海量的数据和图像渲染等计算需求，这需要超高的算力作为支撑，所需的能源资源消耗也颇为惊人。现有的算力和技术还难以满足人们大范围进入元宇宙的需求，想让元宇宙时代真正到来，要

---

[1] 前瞻产业研究院报告 [EB]. https://bg.qianzhan.com/trends/detail/506/220606-5356e613.html. "仅在过去 5 年内才提交专利申请的申请人"是该报告中对于"新进入者"的定义。该报告中，全球虚拟现实 (VR) 行业专利申请新进入者有 7 位，分别是深圳创维新世界科技有限公司、苏州浪潮智能科技有限公司、深圳市瑞立视多媒体科技有限公司、上海曼恒数字技术股份有限公司、青岛小鸟看看科技有限公司、上海影创信息科技有限公司、深圳阜时科技有限公司。

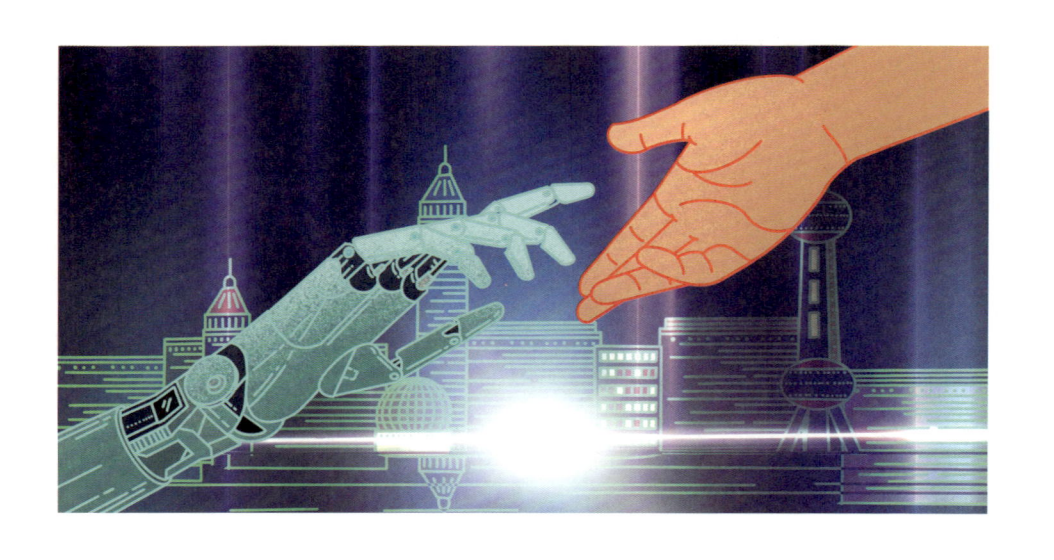

发展算力及相关产业，在芯片领域实现突破，提前布局量子计算，加大清洁能源供给，大力构建新型基础设施，为元宇宙做好基础设施保障。

从法规完善方面看，元宇宙是有主权的数字空间，绝非法外之地。未来元宇宙将是各国数字经济发展竞争的新高地，在这样一个与现实世界深度融合的新型数字空间中，需要进行有效的治理，保障元宇宙居民的权益和秩序，规范新智能经济体行为，因此需要完善的法律法规进行保障。在元宇宙产业监管方面，建议重视和加强对元宇宙产业的调研。元宇宙发展目前仍处于早期阶段，其定义、特征、应用、风险和挑战仍在不断演变中。应提早对政策、技术特征、应用、适用性等问题开展预研究，并在重点领域开展试点项目和概念证明，为适时、适当强化元宇宙领域的调研建立基础，避免监管缺位，为产业健康发展营造良好环境。

从元宇宙安全角度看，要重视新型安全风险，加强预评估。元宇宙的特性可能给跨境数据流动、内容管理、网络安全、关键基础设施保护、个人隐私保护、用户权益等领域带来安全风险。应及早对重点安全领域开展预评估，提做好防范应对措施部署。

需要特别注意的是，每一个新兴产业的兴起阶段，往往会因为过于乐观的期望和过热的投资产生泡沫。目前，元宇宙已经成为社会高度关注的创新方向，但也出现了一些公司打着元宇宙概念进行炒作的现象，存在较大风险。未来要积极引导元宇宙产业理性发展，有必要在开展相关研究基础上制定指导意见，引导产业客观理性看待元宇宙，既肯定元宇宙的正面价值，也避免盲目投资和使用。在元宇宙发展的过程中，建议以产业升级实际需求为核心，坚持开放融合，营造开放包容的发展环境。引导、支持传统企业积极应用新兴技术并拥抱元宇宙，加快形成以开放、融合为特征的元宇宙数字经济与社会运行新模式。

总而言之，元宇宙有望成为数字经济发展"新阶段"，成为推动社会经济往更高层次进步的数字化新空间，也将促进数字经济与实体经济实现更深层次的融合，成为创新创业的新战场，助力"百行千业"全面转型升级，为实体产业发展开辟全新的发展方向。应努力加速实现工业元宇宙、商贸元宇宙、金融元宇宙、教育元宇宙、文化元宇宙、大健康元宇宙等应用落地，正因如此，我们要更理性地看待元宇宙，加强相关研究，促进行业健康、长久、有序发展。

# 元宇宙与宅生活：
# 新技术与新生活的共舞

文 | 编辑部

　　华尔兹舞是一种优雅的双人舞，以其波浪式旋转的圆舞步闻名于世，要实现这种圆舞步，需要两位舞伴的密切互动。元宇宙给新冠肺炎疫情后出现的新宅生活带来了便利，新生活又给新技术带来大发展的商机，两者需要华尔兹舞伴的那种密切互动。新冠肺炎疫情虽然影响了人的身体健康和生活秩序，让人们暂时远离真实社会，开启全新的宅生活模式，居家工作与娱乐，但也给新兴的元宇宙带来了机会，通过互联网和数字技术构建的虚拟社会很大程度满足了人们宅家活动的需求。自2020年新冠肺炎疫情暴发以来，在宅生活需求的促进下，元宇宙产业成为一颗互联网行业中璀璨的新星。

　　本文讨论宅生活与元宇宙的内涵；探讨元宇宙如何在家实现虚拟办公环境并助力实现宅工作；分析元宇宙构建的虚拟世界如何应用于娱乐，及其蕴含的巨大商机。

## 新现状：疫情下的宅生活与元宇宙

新冠肺炎疫情改变了居民的生活方式，迫使城市居民暂停实地的工作、学习和娱乐来适应宅家生活的新方式，即使在未来，宅生活也是城市生活的一种可选方式。新技术保障新生活，新生活也催熟新技术，为宅生活提供技术支持的元宇宙将成为互联网行业的新热点。

2021年，世界商业领域的一系列变化将"元宇宙"带入人们的视野。2021年3月，纽约证券交易所罗布乐思（Roblox）股票挂牌，世界上第一支元宇宙股票上市，这标志着冠名为元宇宙的虚拟现实技术被市场承认，这个概念开始拥有商业价值。罗布乐思（Roblox）称自己是一家元宇宙公司，主营业务是一款给玩家提供自由建构虚拟世界的游戏。同年10月，著名社交网络公司Facebook的母公司更名为"Meta"，直指元宇宙（Metaverse），计划雇佣超过10 000名员工进行元宇宙技术的运营和开发。总裁马克·扎克伯格此举旨在将互联网社交企业高调转型为元宇宙公司。紧随其后，许多中国互联网头部企业也投身其中，进军元宇宙领域，大有"长江后浪推前浪"的赶超之势。

元宇宙是什么？它是通过互联网和物联网构建起的虚拟工作、娱乐和学习的环境。从技术角度说，硬件技术和软件技术构成实现的物质底层。具体说，是通信网络、人机接口等硬件技术和数字化、人工智能等软件技术相结合构成实现元宇宙的物质底层。从人文角度说，在元宇宙中，人们通过数字替身完成人与人、人与环境的交流，形成虚拟社会，当虚拟社会发展成熟稳定后，最终迈向虚拟文明和虚拟现实[①]。由此可见，虽然元宇宙构建于网络虚拟世界之上，但仍服务于现实物理世界之内。

宅生活有许多优势，为了实现宅生活的工作和娱乐需求，元宇宙必须参与其中，为其提供虚拟世界的技术支持。一是居家办公方面。宅工作的优势在于自由支配时间、提升专注度等，但需要克服的困难在于在缺少集体办公氛围的状态下，无法仅靠个人的自觉来保障工作质量。对此，元宇宙技术需要探索的方向有：构建虚拟办公氛围，虚拟现实技术提升远程协作的工作效率，以及监管者更有效地对团队进行云管理。

---

① 方凌智,沈煌南.技术和文明的变迁：元宇宙的概念研究[J].产业经济评论,2022(1):12.

二是在家娱乐方面。元宇宙开发的智能穿戴体感设备已让电子游戏兼具三维空间游戏、远程看展、云旅游、在线健身等功能。

## 宅工作：元宇宙的技术支持

曾经，"坐办公室"是工作体面的代名词，拥有自己的办公室更是一种社会地位的象征。而在青年一代的脑海中，周一至周五往返办公室、工作日早晚高峰拥挤的地铁或拥堵的交通、办公室的嘈杂环境，才是集中实地办公的第一印象。2020年新冠肺炎疫情暴发，集中办公的工作方式一度中断，随着疫情好转人们又恢复了往日的旧模式，短暂的居家工作在记忆中尘封。2022年春天，上海新冠肺炎疫情反复，再次按下了实地办公的暂停键，又一次进入居家工作模式。人们突然发现，不用到公司朝九晚五打卡，省去了拥挤的通勤，节约了往返的时间；工作和休息的界限模糊了，可以穿着睡衣、坐在沙发上查收 email 或进行语音会议；能兼顾工作与陪伴家人，一边工作一边陪伴孩子不是难事，丈夫们逃避做家务和照顾孩子的借口消失了……这些改变渗透城市居民生活的每一个细节，也迫使人们认真思考疫情带来的远程居家工作对城市生活的深刻影响。《经济学人》的"工作生活进入新时代：从疫情前到居家后"一文中，借用公元前、公元后来表达这种巨变，夸张地将2020年称为居家工作的新纪元。[②] 在欢呼居家工作新纪元到来的同时，人们更迫切地需求元宇宙技术能模拟一个与现实办公条件相当的虚拟工作环境。然而，在实地办公时代

② Working life has entered a new era: Farewell BC (before coronavirus). Welcome AD (after domestication) [N]. The Economist, 2020-05-30.

已有的无纸化办公工具却仍是主力军，电子邮件、微信、企业微信、QQ 和视频语音工具等依然是居家办公团队沟通的主要工具，这些软件仅仅满足了文字文件传输、语音视频交互的最基础需求。它们是实地办公模式的辅助工具，进入居家办公模式，并不能满足需求。例如，居家工作需要调用资源共享平台，使用 VPN 链接校园网以获取图书馆数据库资源等，原先这些只能在办公室局域网才能使用，现在居家工作调取不到就非常不方便。元宇宙技术要在居家模拟现实办公环境，这可能是亟待解决的诉求和发展方向，Zoom、钉钉等远程协助管理软件已对此开始了探索。未来人们回归实地办公，通过网络模拟现实办公环境的元宇宙技术也能为远程办公提供便利。

从员工角度看，居家办公比集中办公有更多的有利因素。第一，能减少通勤时间。这给员工更多的睡眠时间，减轻不必要的体能支出，提升工作的专注度。根据《经济学人》引用研究数据表明："居家办公和办公室组合方式受到了绝大多数受调查员工的青睐：70% 的受访者希望采取这样的组合方式，26% 的人希望居家办公，只有 4% 的人希望回到办公室全职办公。"[3] 第二，有利于自由安排工作。正如个体之间口味、兴趣存在巨大差异，个人的作息时间、对工作环境的需求也天差地别，传统的集中办公模式固定了时空，迫使每个人按照社会时间进行运作。居家办公可以让人回归自己喜欢的作息时间、感到舒适的空间。第三，更好地平衡工作与陪伴家人。女性比男性在这方面的需求更突出，尤其是女性已婚育子的情况下，据 2020 年英国机构对 2 300 名职员的调查，"69% 有孩子的女性希望在疫情结束后每周至少有一天居家办公，而有孩子的男性占比只有 56%"[4]。随着温饱的满足、经济条件的提升，人们不仅追求物质需求，更关注家人的情感需求，早出晚归、精疲力竭的状态，带给爱人的是冷漠和孤独，带给孩子的是代沟与叛逆，最终的结果是事业未必成功、家庭必定失败。因而，在经济条件和城市规模发展到一定程度后，居家工作对员工更具吸引力。

从管理者角度看，关注点是有效管理居家办公员工的经验。最基础而又实用的经验是小团队、成员熟悉。[5] 首先，限制远程协助团队的人数，十几人一下的小规模团队最有成效。所有成员都要主动参与发言，不仅主管能提出工作要求，每个组员也能提出自己的疑问并得到解答与帮助。这是几百人的网络大会做不到的。其次，成员间更熟悉融洽。同一部门的线上小会比全公司的网络大会更务实。居家工作时，员工时常会感到茫然和无助，团队主管需要了解成员的情况、保持与成员的沟通，"兵不识将，将不知兵"是难以开展远程办公的。

总体而言，元宇宙技术构建的虚拟办公环境将臻于完善，在它的助力下，居家办公将成为未来城市居民众多工作方式中新颖又具吸引力的一种。

---

③ How the pandemic is forcing managers to work harder: Remote work brings benefits to employees and employers alike-but requires more effort on the part of executives[N]. The Economist, 2020-12-03.

④ How the pandemic is forcing managers to work harder: Remote work brings benefits to employees and employers alike-but requires more effort on the part of executives[N]. The Economist, 2020-12-03.

⑤ James M Citrin, Darleen DeRosa. Leading at a Distance: Practical Lessons for Virtual Success[M]. Hoboken. New Jersey: John Wiley & Sons, Inc., 2021.

## 宅娱乐：资本推动下的娱乐升级与技术发展

在传媒学名著《娱乐至死》中，尼尔·波兹曼说："现实社会的一切公众话语日渐以娱乐的方式出现，并成为一种文化精神。我们的政治、宗教、新闻、体育、教育和商业都心甘情愿地成为娱乐的附庸，其结果是我们成了一个娱乐至死的物种。"⑥ 这段话揭示了娱乐生活在人类现代文明中的统治地位，如果说工作是为了生存，那么娱乐是为了生活。在城市化程度越高的地区，娱乐对人的影响力越大。

有个大家不愿意承认的事实：人可以不工作，但不可以不娱乐！新冠肺炎疫情期间，人们足不出户有了更多的闲暇时间，元宇宙技术构建的虚拟世界渗入宅家生活，人们发微信、刷视频、看直播、云蹦迪、网购、外卖、打游戏等，在娱乐中调节心情、释放压力、填充空虚、慰藉精神。虚拟世界通过人对现实世界产生了真真切切的作用。

宅家娱乐项目中，最传统的视频节目也发生了变化：人们的观看方式由从线下改到了线上。其一，网络流媒体取代了实体电影院。其二，身临其境的 VR 技术使得云看展、云旅游成为亲身旅游外的另一种选择。其三，观摩优秀国产电视剧，追美剧、英剧、西剧，甚至土剧，各具特色的电视剧成为人们喜闻乐见的宅家娱乐项目。值得一提的是娱乐产业的规模，2019 年仅美国的娱乐投资就有 6 500 亿美元⑦，超同年科研经费（5 800 亿美元），追同年国防支出（7 300 亿美元）。网飞（Netflix）公司的里德·哈斯廷斯成为千亿美元级别的世界顶级富豪。其四，传统的电视真人秀变为网络直播，直播与网购相结合产生了直播带货等新事物。其五，自媒体带动了

⑥ 波兹曼. 娱乐至死[M]. 章燕译. 桂林：广西师范大学出版社, 2011.

⑦ The $650bn binge: Fear and greed in the entertainment industry[N]. The Economist, 2019-11-14.

自媒体平台商业化的成功，仅抖音、哔哩哔哩等主流自媒体平台的下载次数分别达到330亿次、64亿次，已超全球人口总数，几乎成为所有智能手机必备的App软件。众多宅家娱乐中，视频之所以占据最大比重就是因为简单。只需打开App，按下播放键，一切就完成了。

在宅家娱乐项目中，最具科技感的是体感类电子游戏。体感类游戏引领游戏"从手指滑动到身体运动"，将游戏从二维空间拓展到三维。人们以往熟悉的"玩电脑""打电玩"是用键盘、鼠标和手柄来操控游戏中的虚拟对象，而任天堂的Switch、健身环等穿戴式体感设备突破了静态游玩体验，智能设备穿戴于身体和四肢，需要人的全身运动来指挥虚拟世界的化身做出相应的动作，如人们在虚拟世界中打网球、打高尔夫。同时，体感设备通过振动将虚拟对象的感受反馈给玩家，这突破了以往通过图像（视觉）、声音（听觉）进行的反馈。增加的第三类感觉——振动（触觉），能反馈更丰富的虚拟世界信息，有助于人们借助体感设备将电子娱乐与健身锻炼融为一体。例如，Switch的电子游戏《舞力全开》，玩家在家就能跳街舞、蹦迪，触觉震动还能提示动作的标准程度。

目前阶段，以智能穿戴设备为媒介的体感电子游戏与元宇宙技术的发展志同道合。它们的目标都是为人模拟一个虚拟世界，其媒介设备是让人接触更多的信息，都基于互联网数字化信息技术进行传递信号。"作为互联网时代的终局，元宇宙必定是信息的产物。通过目前对元宇宙的描绘和想象，可以推断元宇宙是完全通过发达的媒介技术展现的虚拟世界，带有'虚拟'的特点。进而可以看出虚拟世界是元宇宙的基础，元宇宙的本质是发达的虚拟世界。"[8]所以，宅家生活的电子游戏能推动元宇宙技术的发展，因为游戏创造的是与现实世界交融而又独立于人的虚拟世界。同时，玩家借助数字替身操控虚拟世界的角色，实现玩家与玩家、玩家与AI间的互动，如备受玩家喜爱的"吃鸡""王者荣耀"等；更深一步，在此基础上形成的大量虚拟社群，产生虚拟社群特有的文化，逐渐形成依托于现实的人又独立于现实世界的虚拟文明。虚拟文明正是元宇宙的高级形态。可见，宅家娱乐与元宇宙形成了互动。

通过微软斥现金巨资收购动视暴雪的商业案例来看宅家娱乐，可以发现行业转向以元宇宙为代表的虚拟现实领域趋势。2022年1月18日，微软公司以690亿美元现金收购著名游戏公司动视暴雪（Activision Blizzard），这既是微软历史上最大的收购，也是游戏行业有史以来最大一笔收购。[9]动视暴雪主创的游戏都是虚拟世界类，如单机魔幻类的《魔兽争霸》、网络魔幻类的《魔兽世界》和历史战争类的《使命召唤》等，这些游戏深受广大中国玩家喜爱。结合微软自有的Xbox游戏平台，收购之后，微软将成为世界第三大视频游戏公司，仅次于中国腾讯和日本索尼。微软收购动视暴雪的直接原因是：计算机软件头部企业非常看好以电子游戏为代表的

[8] 方凌智,沈煌南.技术和文明的变迁：元宇宙的概念研究[J].产业经济评论,2022(1):8.

[9] Why Microsoft is splashing $69bn on video games:The tech giant's acquisition of Activision Blizzard is its biggest-ever deal [N]. The Economist, 2022-01-22.

虚拟娱乐业的未来发展，才斥巨资投资这一行业；深层原因是：微软的收购仅是冰山一角，结合 Facebook 公司更名与转型、纽交所 Roblox 元宇宙第一股上市，城市居民的生活方式正在改变，虚拟现实技术适应和促进这种改变，开启了宅家新纪元，引领着整体"宅经济"的大发展。

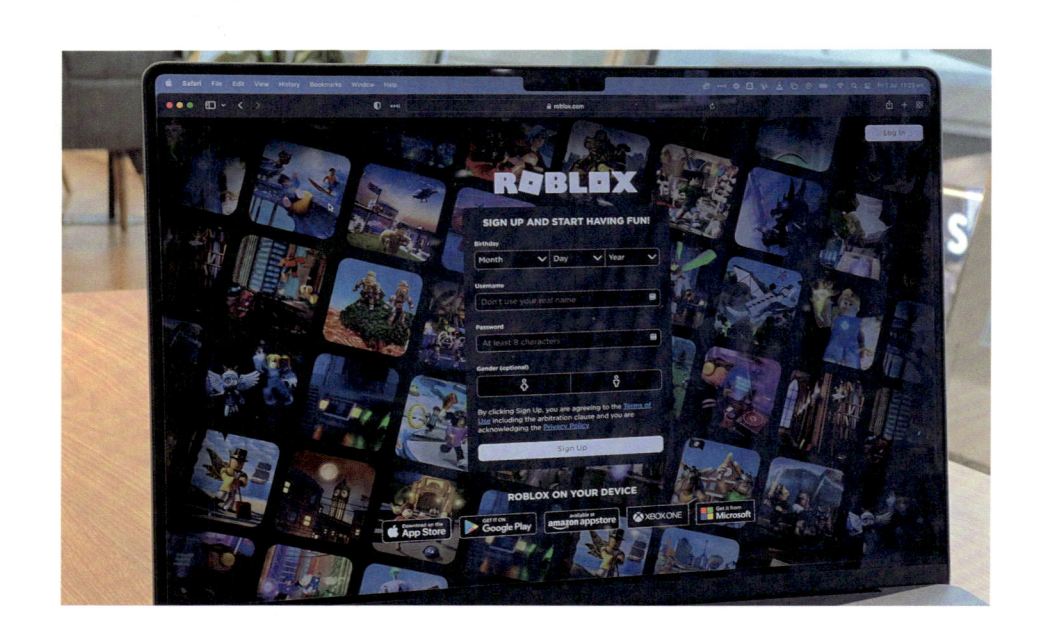

## 【结 语】

恩格斯曾辩证地说："没有哪一次巨大的历史灾难不是以巨大的历史进步为补偿的。"⑩每一次人类面临灾难，都会认真思考应对方法，也会总结经验教训，把灾难转化为推动人类社会发展的动力。

后疫情时代，人的生活模式有多种可能。既可能回归办公室集中工作的旧模式，也可能进入办公室—居家工作的混合模式，即部分工作在元宇宙技术构建的虚拟办公环境中完成，部分工作在共享办公室完成。人们迈出了宅生活历史性的第一步，意识到了宅生活需要满足的工作和娱乐需求，旨在构建虚拟世界为目标的元宇宙技术在满足人们宅生活的需求中成长发展。两者形成良性互动，元宇宙技术让宅生活更便利，宅生活带给元宇宙行业广阔的市场前景，给未来人类生活多一种方式选择的自由。新技术伴随新生活翩翩起舞，共同完成了一曲轻盈优美的华尔兹。

⑩马克思恩格斯文选：第 10 卷 [M]. 北京：人民出版社,2009:665.

## 参考文献

[1] 方凌智, 沈煌南. 技术和文明的变迁：元宇宙的概念研究 [J]. 产业经济评论, 2022(1).

[2]Working life has entered a new era: Farewell BC (before coronavirus). Welcome AD (after domestication)[N]. The Economist, 2020-05-30.

[3]How the pandemic is forcing managers to work harder: Remote work brings benefits to employees and employers alike-but requires more effort on the part of executives[N]. The Economist, 2020-12-03.

[4] James M Citrin, Darleen DeRosa. Leading at a Distance: Practical Lessons for Virtual Success[M]. Hoboken. New Jersey: John Wiley & Sons, Inc., 2021.

[5] 波兹曼. 娱乐至死 [M]. 章燕译. 桂林：广西师范大学出版社, 2011.

[6]The $650bn binge: Fear and greed in the entertainment industry[N]. The Economist, 2019-11-14.

[7] 马克思恩格斯文选：第 10 卷 [M]. 北京：人民出版社, 2009.

# 新国潮美学经济研究与 TEAC 模型

文 | 白微微　特别事物研究所首席顾问，同济大学设计人工智能实验室博士，
　　　　　　上海交通大学文创学院客席导师

2022年是一个疫情时代的元宇宙年，也是新国潮美学经济的发展形成阶段。本文阐释分析华夏文明宇宙观的历史基础、科技发展与文化创新的时代背景，及 Z 世代用户物质与精神的复合需求，并提出新国潮商品价值 TEAC 模型：技术性 (Technology)、趣味性 (Entertaining)、美学性 (Aesthetics)、文化性 (Culture)，关注新国潮美学体系化建设后的全球输出。文化与科技双翼赋能的美学经济，或将开启人类文明的新可能。

## 华夏文明的宇宙观是新国潮美学经济的历史基础

### 美学经济

美学经济"（Aesthetic Economy）概念最先由德国学者格诺特·波默（Gernot Böhme）在《气氛美学》一书中提出。他把美学经济视为资本主义经济发展的一个高级阶段，是商品的美学价值成为经济组织和运转核心的当下阶段。美学经济伴随着人类顺应自然、征服自然、改造自然能力的发展，一定程度驱动着生产力的解放和创造力的重构。从农业经济、工业经济、服务经济、体验经济到美学经济，从脚的经济（游牧经济）、手的经济（农耕经济）、脑的经济（工业经济）到心的经济（美学经济），从游牧文明、农耕文明、工业文明到美学文明，美是灵魂对自由的渴望，"美是人的本质力量的对象化"（卡尔·马克思），向美从心。

## 东西差异

"缺乏审美力是绝症",然而东西方美学却从哲学源头有着本质的差异,故新国潮美学经济自然与我们所看到的英国、德国、美国、日本等工业文明进程中不断迭代的经济形态不尽相同。传统中西方美学的区别是什么?传统中国美学像"语文",如典型的诗歌书画更倾向文学;而西方美学像"数学",重视知识与逻辑,更倾向技术主导并高度依赖技术工具。成为一位优秀的诗人比成为一名优秀的导演更有难度,诗人可以使用的语言和武器只有文字,而导演有精彩的剧本、酷美的男女主角、华丽的置景道具、声光电的环境氛围。中国的宇宙论中,异于视觉、听觉和触觉的官能被称为"感应",既为感觉和响应,亦为相关性思维(Correlative Thinking)。[1]李约瑟(Joseph Needham)将其翻译为共鸣(Resonance),如天与人、琴与瑟、月与花的共鸣。这种感官不仅是主体的觉思,更是从天与人的共鸣中浮现的产物,并表现为"天人合一",或在技术语境下"器道合一"。这种中式无中生有的天然性,与西方被视为神力和不科学的无中生有,两者形成审美层面的极致差异。微妙、诗意、心察的共鸣,尤其体现在宋明理学的心学中。传统与现代、本土与全球、东方与西方、物质与精神,生命、自然、宇宙相互关联。牟宗三认为智性直观意味着一种超越任何分析演绎或者综合归纳的直观能力,康德认为只有神才可能具备的智性直观,在道家、儒家和佛教的框架中也是人类所具备的能力。[2]

## 科学探究

大多数人认为华夏文明是单纯的社会科学,研究社会现象和人类政治、经济、文化活动,是形而上学的玄幻哲学,是仁义礼智信的思想。笔者认为,这是世界对东方智慧的认知误区,华夏文明包含大量的自然科学。华夏文明以大量的观察和实验的经验证据为基础,通过研究自然界的物质形态、结构、性质和运动规律,对自然现象进行描述、理解、分析和预测。例如,物理学、化学、生物学、天文学、地球科学、医学、农学、气象学、材料学等应用科学,是人类改造自然的实践经验,即生产斗争经验的总结,很大程度决定着社会生产力。再如,《易经》的核心是一套数学底层逻辑,"太极生两仪,两仪生四象,四象生八卦,八卦生六十四卦"是一个数学幂的算式系统,用数学的方式阐述宇宙形成的原理。北宋著名的易学家邵雍致力于《易经》数学的研究,并开创"皇极经世术",后来被德国数学家莱布尼茨看到无比惊叹,这个图式与计算机二进制一致,并被他称为"宇宙语言"。唐代

---

[1] A C Graham. Yin-Yang and the Nature of Correlative Thinking[M]. Singapore: National University of Singapore, 1986.

[2] 牟宗三. 现象与物自身(全集):第 21 卷[M]. 吉林:吉林出版集团有限公司, 2010.

著名的天文学家、佛学家僧一行创作而成的《大衍历》，"测各地纬度，南至交州北尽铁勒，并步九服日晷，定各地见食分数，复测见恒星移动"，共有历术 7 篇、历议 12 篇，结构严谨，条理分明。从制造仪器到实际观测，并运用不等间距二次差内插法的公式，解释运算宇宙规律。华夏智慧对宏观世界和微观世界的研究是 21 世纪信息时代新中国经济得以发展的文明基础。那些看起来是"语文"的内容对于真正的价值创造者其实是"数学"。

## 科技发展与文化创新是新国潮美学经济的时代背景

### 美学价值

新国潮美学经济是一种背靠新国潮美学、面向经济的新理论，其本质是一种"为国人"和"为潮人"的经济。从哲学角度看，在经济发展方式上，美学经济呼吁人们重新审视人与自然、人与环境、人与社会的关系，以共情的心灵为底色，以共融的经济为触媒，强调创意与创新，通过对现实世界进行改造，达致"诗意的栖居"。从经济学角度看，美学经济的产生是消费端美学需求的凸显倒逼产生的美学生产与美学消费革命。因此，"美学经济强调供给端围绕美学价值的创造和增值，通过以美学资本为核心的美学生产要素对传统生产要素、生产结构与生产方式进行重组，并以此建立新的生产函数。"③尽管追求美、创造美是人类的天性使然，但很长一段时间美学的经济价值很难被结构化和量化。世界 500 强企业中，商业巨头的董事会中很少有设计学或美学背景的专业人士。在美学消费升级的时代，企业管理者对设计师作为品牌、产品、服务美学创造者之一的工作价值有基础的意识和认知，却无法科学评判和量化其对企业产生的商业价值。设计师并未真正进入企业内部最高层级话语权体系。

③邱晔. 以美学经济驱动创新发展[N]. 中国社会科学报, 2020-11-12.

### 国潮—新国潮

随着科技发展与文化创新，新国潮美学经济是中国新经济时代的必然产物，代表着当代消费者对物质文明和精神文明的双向需求。新国潮在这样一个美学消费升级的大环境下应运生长。什么是"新国潮"？那就是"新世代""国风""潮流"。百度与人民网研究院联合发布的《百度 2021 国潮骄傲搜索大数据》中，将自 2011

年起老字号、老品牌焕新的萌芽阶段定义为"国潮 1.0 时代"，该时代以服装、食品、日用品等生活消费领域为主；"国潮 2.0 时代"，则主要集中于手机、汽车等高科技消费领域；"国潮 3.0 时代"，国潮的内涵不断扩大，品牌、文化及大国科技引领了全面的、全新的国潮生活，该时代的国潮不仅限于商品、实物，还有民族文化、国家智慧、生活方式和精神内涵之义。2018 年被称为"国潮元年"，中国李宁携带中国元素亮相国际秀场，故宫口红一推出即遭疯抢，北京卫视打造《上新了·故宫》《我在颐和园等你》等系列国潮文化节目，五菱宏光 MINI 成为"爆款"车。中国人均 GDP 于 2019 年突破 10 000 美元，这标志着个性化消费时代已逐步开启。越来越多的国货将新技术、新潮流融入品牌文化，重现市场，百花齐放，新国潮消费崛起。过去十年国潮的关注度上涨 528%，2021 年国货品牌的关注度是洋品牌的 3 倍。手机、服饰、汽车、美妆、食品、家电依次是国货关注度增长最快的六大品类。字节跳动抖音电商发布的《2021 抖音电商国货发展年度报告》显示，2021 年抖音电商国货品牌销量同比增长 667%；平台上销售额过亿元的品牌有八成是国产品牌，国货品牌占据爆款榜九成以上。制造业高质量发展与人们对美好生活的追求，碰撞出新世代国风潮流经济。

**数字经济**

伴随着中国数字经济和互联网电商行业 20 余年的发展，从传统"wholesaler-retailer"发展到如今以短视频、直播等为媒介的社交电商，从"人找货"到"货找人"，推荐算法精准度不断提升，网购消费体验不断优化。当销售渠道从线下转为线上线下组合格局，DTC 模式（Direct to Customer，直达消费者）为采购、生产、仓库、物流、销售等扎根中国本土的新国潮产业带来消费场域的极速扩张。打开一、二线城市外更广袤的下沉市场，DTC 模式缩短了销售链路，垂直电商和私域流量降低了获客成本，为新国潮产品供应链提速增质。借助 KOL（Key Opinion Leader，关键意见领袖）和 KOC（Key Opinion Consumer，关键意见消费者）打造传播矩阵，利用 UGC（User Generated Content，用户生成内容）平台产生的网络效应，多维联动实现裂变营销。KOL 带货、KOC 种草、UGC 反馈，已成为 Z 世代购买决策的有效机制。苏宁《国货消费趋势报告》显示，2020 年 1—4 月直播间购买（增长 126.3%）和社群推荐购买（增长 147.2%）成为国货消费新场景，KOL/KOC 引发的裂变式传播和 UGC 平台产生的自传播是国货消费的新增长点，传播矩阵推动流量变现，多渠道融合发展，构建"人、货、场"的高效闭环。

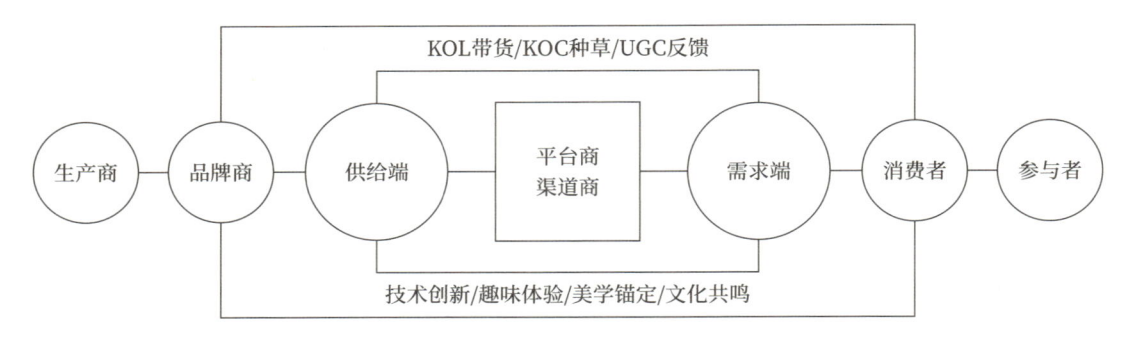

```
                KOL带货/KOC种草/UGC反馈
    ┌─────────────────────────────────────────┐
    │                    ┌──────┐              │
 ○──┼──○──○     ○    │平台商│   ○    ○──○
生产商 品牌商 供给端 │渠道商│  需求端 消费者 参与者
    │                    └──────┘              │
    └─────────────────────────────────────────┘
              技术创新/趣味体验/美学锚定/文化共鸣

                     新国潮经济循环
```

## 政策导向

文化创新的巨大驱动来自国家的政策导向：2016年12月国务院发布《"十三五"国家战略性新兴产业发展规划》，2017年4月文化部发布《文化部"十三五"时期文化产业发展规划》，2018年8月中共中央办公厅、国务院办公厅印发《关于实施中华优秀传统文化传承发展工程的意见》，都提到了文化创意产业的相关目标。政策提出要以文化创意为引领，提升文化内容原创能力，推动文化产业发展，到2025年中华优秀传统文化传承发展体系基本形成，研究阐发、教育普及、保护传承、创新发展、传播交流等方面协同推进并取得重要成果。具有中国特色、中国风格、中国气派的文化产品更加丰富，文化自觉和文化自信显著增强，国家文化软实力的根基更为坚实，中华文化的国际影响力明显提升。新国潮美学经济在国家倡导文化自信、推动国潮传播的政策下，获得巨大的势能和红利。

## 体用合一

文化创新与科技创新在美学经济中同等重要。而商业的难度在于需要源源不断地创造完美价值，即技术价值与美学价值，功能价值与情感价值。否则，随着产品的同质化，用户价值感曲线逐渐疲劳下降，从完美价值到一般价值再到期望价值，没有惊喜、没有高潮。苹果公司前CEO史蒂夫·乔布斯对苹果创新的信条是：绝不能过度迷恋技术创新，只有当技术创新结合了美学创新时才能产生成功的产品。因而在推动人类经济发展方面，科技创新为"体"，美学创新为"用"。

# Z世代用户物质与精神的复合需求是新国潮美学经济的市场价值

**新国潮消费力**

"颜值即正义。"如果说科技是第一生产力,那美学已成为Z世代用户的第一消费力。在双循环、内循环的背景下,中国制造在经历了四十年的发展后趋于成熟,新国潮美学经济正当新风口。中国1.7亿"95后"Z世代正逐渐成为消费主力军,他们更偏好表达风格和赋有文化特色的产品。根据趋势研究机构WGSN《中国消费者未来生活方式》报告显示,Z世代用户年龄为15～23岁、男女比例为5.32∶4.68、56.1%居住在三线以下城市、平均可支配收入为3 000～4 000元/月、35%有多种收入来源、52.5%使用1 000～2 500元的国货手机。新国潮品牌与产品正是"只买对的,不买贵的"Z世代消费者的心头好。这是在充裕的物质生活和充分的民族自信中成长起来的互联网原住民一代,他们青睐品质好、口碑佳、性价比高的新国潮产品,其中63%的用户关注元宇宙。他们穿着汉服出街社交,为电竞选手打赏氪金,为限量盲盒清空零花钱,为潮鞋吃一个月代餐,还有NFT国际玩家。他们与潜意识崇尚西方文明、以好莱坞和日韩文化为消费热点、以海外学成归国为优越感的X世代与Y世代用户,在价值观和生活方式上明显不同。他们既是接受者又是创作者,既是消费者又是传播者。

**IP联名**

受新冠肺炎疫情影响,中国2020年社会消费品零售总额为39.2万亿元,比上年下降3.9%;2021年全年社会消费品零售总额44.1万亿元,比上年增长12.5%。随着制造业、供应链和物流体系的升级完善,进一步积极扩大内需的过程是新国潮经济发展与国际品牌竞争的机会时期。iiMedia Research(艾媒咨询)数据显示,汉服作为传统国粹结合潮流文化的典型产品,2021年中国爱好者数量规模已达689.4万人,市场销售规模达到101.6亿元,其中,对目前国产制造的商品质量,28.3%的消费者非常信任,54.1%的消费者比较信任。新国潮就是以中国品牌和产品传达中国文化与美学的时尚风潮与消费浪潮。在后疫情时代,消费者更关注物质与精神的复合需求,IP联名跨界营销创造出圈势能。通过集中的营销资源传播推广文化个性鲜明的限量款产品,形成破圈层破次元的自来水营销传播,发挥"1+1>2"的商业价值。王者荣耀、原神、唐宫夜宴、三星堆作为2021年IP联名和跨界营销的宠儿,与国风游戏、国潮时尚、国风彩妆、国创文娱等品类，线上、线下、公域、私域，全渠道互通。IP 联名合作也是为品牌持续创造完美价值抵抗商业熵增的最佳方式之一，如梅兰芳 IP 基于京剧大师系列剧作可持续构建国潮国粹宝库，并打造了首位数字国粹传承人"梅岚"。

## 虚拟偶像

虚拟偶像不是单纯的角色形象或人设魅力，而是数字技术发展到一定阶段的产物，是一种文化载体。它包括动漫游戏角色、虚拟歌手、虚拟主播等各类虚拟形象，不同类型的虚拟偶像各有特点，均以 Z 世代为核心受众。[4] 5G 技术出现对新媒体内容制作有了新的要求，虚拟偶像站在风口浪尖开辟一个全新的偶像时代。虚拟偶像作为可复制性的数字资产，打破了传统偶像明星艺人在时间和空间上的有效性和有限性。它们不嗜烟嗜酒，不耍大牌，不发脾气，不会迟到，不知疲倦，且天生掌握分身术。信息和数据日益让物质和肉体变得多余，在数字技术驱动下，包括身体在内的任何东西都可以转化为非物质的实体。[5] 随着新技术的迭代支持更趋向网红化、大众化的运营模式，并逐渐朝着类型更丰富、模式更多元化的方向发展。人工智能及其背后潜藏着技术驱动的全球资本主义和消费主义。[6] 最引人注目的是，虚拟偶像对女性特质的模拟和再造、科技的流水线生产和可爱风格的设计，将大众对于人的身体的共同审美关注连接起来。[7] 虚拟偶像是数字媒体世界的居民，其外在呈现的状态与表演方式都经过技术的精心建构，而虚拟的表演方式能够脱离人的实存身体，毫无生活的物质性，虚拟偶像的商品化生产对应着某些人格特质的消费需求，为人造虚拟偶像与粉丝之间创造了一种新型消费关系。[8] 法国哲学家鲍德里亚（Jean Baudrillard）认为，在消费社会中商品越来越符号化，当代人消费的不是客观存在的产品或商品，而是商品的符号，由此提出"符号消费"的观点。在消费文化的符号理论体系中，鲍德里亚借助"媒介即讯息"的观点对消费社会的仿真、拟像文化进行了分析。在他看来，拟像是后现代社会通过复制大量的极度"真实"而又没有客观本原、没有任何所指的图像或符号。而在"社会空间＋物理空间＋信息空间"的三元宇宙中，虚拟偶像是具有多维价值的存在，也是新国潮美学经济的载体界面。

[4] 陆新蕾，虞雯. 虚拟偶像粉丝群体的消费文化研究：以虚拟歌姬洛天依为例[J]. 当代传播，2020(6):75-78、112.

[5] Daniel Black. Digital Bodies and Disembodied Voices: Virtual Idols and the Virtualised Body[J]. Fibreculture Journal, 2006(9).

[6] Sissi Liu. Everybody's Song Making[J]. Performance Research, 2019,24(1):120-128.

[7] Daniel Black. The Virtual Ideal: Virtual Idols, Cute Technology and Unclean Biology[J]. Continuum, 2008,22(1):37-50.

[8] Black D.The Virtual Idol: Producing and Consuming Digital Femininity[M]. Galbraith P W,Karlin J G.Idols and Celebrity in Japanese Media Culture[M]. London:Palgrave Macmillan,2012.

## 新国潮美学经济 TEAC 模型

"真实"而又没有客观本原、没有任何所指的图像或符号。而在"社会空间＋物理空间＋信息空间"的三元宇宙中,虚拟偶像是具有多维价值的存在,也是新国潮美学经济的载体界面。

设计是对人、自然、人造物三者之间关系的体验传达。体验往往具有美感的特质,通过"一系列值得记忆的事件——就像在戏剧演出中那样——使他身临其境"而使消费者获得难忘与美好的感受。[9]新国潮美学消费可以分为炫耀型符号式美学消费、风格型时尚式美学消费和社群型体验式美学消费三种。关于身份认同的阶层文化、关于审美趣味的个性表达和关于社群共鸣的专项体验,是新国潮美学经济的重要价值。消费者从感官体验、情感体验和精神体验对应身心的价值感受。新国潮产品的设计开发是供给端生产和需求端营销的核心。

产品价值用函数形式表达如公式所示:

$f(TEAC) = a + b_1 X + b_2 Y + b_3 Z + b_4 T$

其中,$a$ 为产品功能性价值;$X$ 为技术性;$Y$ 为趣味性;$Z$ 为美学性;$T$ 为文化性。

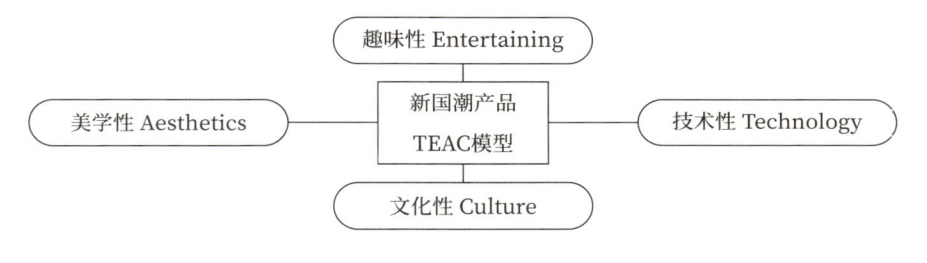

[9] B. 约瑟夫·派恩,詹姆斯·H. 吉尔摩. 体验经济 [M]. 北京：机械工业出版社出版,2002:10.

新国潮商品价值 TEAC 模型

产品功能性价值（Functional Value）,即"你对我有什么用""你和别人有什么不一样",在生产力足量的工业 4.0 时代,功能价值的竞争激烈、产品趋同。技术性（Technology）,是通过科学技术带来的新奇体验或便捷感受。趣味性（Entertaining）,是用户和产品在交互过程中的愉悦和娱乐情感。美学性（Aesthetics）,是个体生命自适其美,也是群体世界美美与共。文化性（Culture）,是超级符号背后的身份认同、生活方式和宇宙观念。

将功能变成场景,需求变成欲望。"以敬天爱人之意做品牌,悲天悯人之心做产品",新国潮美学经济,正当时。期待 2025 年后的全球消费趋势中,除了欧美风、日韩风,还有中国风。不仅有中国传统文化符号的东方美学国货产品,更有新国潮美学智造品牌。文化与科技双翼赋能的美学经济,或将开启人类文明的新可能。

## 盲盒的消费记录，是这个时代的价值透支

文｜编辑部

  盲盒经济火热毋庸置疑，无论是"炒鞋"，还是"盲盒"，均以年轻一代群体为主，都是高速发展的创新项目，监管层始终对之持以谨慎态度。商业创新必须坚持社会价值优先的原则，有损社会价值的商业创新必须得到及时、有效的监管，以确保其健康发展。

  一个企业家茶会聊到了"元宇宙"，几位参与者滔滔不绝，聊得津津有味，一位女企业家一脸茫然，显然她从未接触过这一概念。不久，话题转向NFT，这位女企业家突然插话："我总算听懂了，这不就是线上版盲盒！"

  "盲盒是门好生意，我女儿每个月都要花费几千元购买盲盒，买来的盲盒家里都快放不下了，至少二三十万元花了出去。这么看来，元宇宙靠谱，它能赚到钱。"

  这位女企业家的女儿并非特例，盲盒已被公认为是对新一代"韭菜"最好的宰割方式，无论是网络上还是熟人间所晒的消费单，Z世代（1995—2009年出生的人们）的消费力令人咂舌。在盲盒经济漂亮的消费数字背后，暴露的是对这个时代的价值透支。

## 盲盒与盲盒效应

盲盒起源于日本的"福袋",最开始是超市为处理滞销的货物而将其放入不透明的袋子,通过塑造不确定感来吸引客户购买。日本蓬勃发展的动漫产业则将传统的"福袋"包装了 IP 概念,将其变为借由消费者的"赌博"心理而实现商品的销售,并取得了巨大成功,由此形成了专门的产业。20 世纪 90 年代,盲盒曾以球星卡、明星卡等集卡形式,在我国的学生群体中风靡一时。

如今流行的盲盒,顾名思义,是不透明的盒子,盒子上通常没有标注,顾客无法知道盒子里装的具体是哪一件产品。

盲盒是如此特殊,以致围绕它还出现了一个专用的心理学名词——盲盒效应。盲盒效应其实并不新鲜,它对应的是心理学中三个很有名的理论:操作性条件反射、不确定的奖励和行为的惯性。

操作性条件反射,由美国心理学家斯金纳命名,是一种由刺激引起的行为改变。简单地说,刺激导致行为,刺激的加强导致行为的加强。对于盲盒来说,当人们发现,在花钱购买盲盒的行动中能够寻求到自己所喜欢的东西,让自己开心满意,就会为此不断地行动。

不确定的奖励,是指盲盒内部的奖励是盲目的、不确定的。因此,消费者的努力(花钱购买)不一定能带来期望的结果(买到自己中意的款式),而这种不确定性往往能够把人们的焦虑带到巅峰,从而再度强化消费欲望。

行为的惯性,主要指焦虑是有惯性的。尤其是当消费者习惯性地购买、打开一个又一个盲盒时,惯性焦虑就形成了。

这三个原理形成了盲盒效应,即消费者出于兴趣尝试着购买盲盒,发现在几个盲盒里能找到自己心仪的商品,于是产生了"操作性条件反射",再度投身下一个拆盲盒的行为中,试图寻找那些"不确定的奖励",由此形成一种循环,即"行为的惯性"。

## 爆火的盲盒经济

中国盲盒经济有多火？

根据博研咨询发布的《2022—2028 年中国盲盒行业发展现状调查及市场分析预测报告》，我国潮玩市场的规模从 2015 年的 63 亿元增加到了 2020 年的 294.8 亿元，复合年增长率高达 36%。预计市场规模到 2024 年会达到 763 亿元，到 2030 年将突破 1 100 亿元。

随着潮流玩具市场的迅速成长，销售渠道也持续拓展。截至 2021 年，中国潮流玩具新注册成立企业数量已达 506 家，其中，泡泡玛特、52TOYS、若来若态、寻找独角兽、幸会潮玩等多家潮流玩具企业创造出 MOLLY、DIMOO、LuLu、CBB、Farmer Bob、Nanci 等大量受消费者青睐的 IP。

以泡泡玛特为例。2016 年前，泡泡玛特还是一个默默无闻的零售玩具店，凭借盲盒生意，3 年赚了 20 亿元，逆袭成为上市公司，成为潮玩界的网红品牌。泡泡玛特究竟有多能赚钱，《新京报》曾做过专门的调查。据报道，一家为泡泡玛特生产 Molly 的玩具厂负责人表示，通常盲盒的成本价约为 15 元，出厂价根据进货量在 30 元上下浮动。而泡泡玛特盲盒的零售价大多为 59 元，相当于单个盲盒的毛利润率达到 50%。泡泡玛特的财报也显示，销售毛利润为 60% 左右。

从消费者年龄来看，18～24 岁的用户占 32%，25～29 岁的占 26%，30～34 岁的占 20%，其他年龄段占 22%。其中，1995 年后出生的女性消费者是潮玩消费的主力军。

天猫发布《"95 后"玩家剁手力榜单》同样显示，"95 后"最烧钱的就是潮玩手办。2019 年，仅天猫"双 11"的盲盒销售额就达到 8 212 万元，单日成交额比 2018 年同期增长 368%；2020 年，这一成交额上升至 1.42 亿元，比 2019 年增长近 73%。

## 看不懂的盲盒账单

"孙博是一名国家二级心理咨询师，已为 20 余家企业近 500 名职工做过心理咨询和辅导。他向记者介绍了一个案例：大学毕业两年后，庞哲热衷于买盲盒收藏，上个月办理了辞职手续，并扬言'炒盲盒买房'，他家里两整面墙摆放了 648 个盲盒，花费近 5 万元。而庞哲的父母双双下岗，家庭收入仅为 2 800 元。"这是《工人日报》2019 年 12 月 8 日一篇采访的内容。

著名自媒体"懂懂笔记"曾发布的一篇文章里同样有一位盲盒消费者亲诉："'在最疯狂的时期，我试过 3 天抽将近 8 000 元的盲盒。为了抽盲盒，我前后套现透支了 3 张信用卡，算一算得有 6 万～7 万元了。'据张劲透露，在盲盒上消费 6 万～7 万元，在朋友圈里算不上'壕'，有认识的'炒家'2 个月就抽了 30 多万元的盲盒。"

类似的案例显然还有很多。正是这一个个鲜活的案例支撑起了庞大的盲盒消费市场，支撑起了泡泡玛特等公司靓丽的业绩。显然，这是对消费者消费能力的透支，让诸多盲盒消费者背上了"过度消费"的沉重大山。

## 异化的盲盒

盲盒经济的成功，让更多行业看到了基于"盲盒效应"商业模式的巨大潜力，于是纷纷入局，进一步造就"盲盒"的混乱。

例如，B 站的"魔力赏"就被视为加剧盲盒经济混乱的产品之一。所谓魔力赏，是 B 站会员购的一种特殊玩法，它不是直接购买商品，而是以抽奖的形式获得。用户需要先用人民币兑换"魔石"，再花费"魔石"从奖品池中抽取各种商品。标价越高的商品抽到的概率越低，各个款式的概率均会公示。据悉，会员购盲盒业务的"魔力赏"已占 B 站电商营收的 80%，B 站对这个项目的定位就是营收工具及拉新。

这种线上版的盲盒模式，不仅让平台游走在灰色地带，也让平台失去部分用户的信任，引发大量消费者的质疑和投诉。在"黑猫投诉"平台上，就有大量关于"魔力赏"的投诉，不少消费者大呼上当，认为这一产品模式诱导消费、规则不透明、抽中不发货、霸王协议。

更过分的是"宠物盲盒"和"机票盲盒"。"机票盲盒"，后期无法退款、退票，套路消费者，投诉数不胜数。"宠物盲盒"被批为牟利践踏小动物的无辜生命。

这些都使得"盲盒经济"的口碑从中性转向了负面，引发了监管层的担忧。2022 年初，上海市市场监管局发布了《上海市盲盒经营活动合规指引》。这是全国首个盲盒行业的相关法规，做出以下建议："盲盒内商品实际价值应与其售卖价格基本相当，单个盲盒的售价一般不超过 200 元，且盲盒经营者不得向 8 周岁以下的未成年人销售盲盒。向 8 周岁以上未成年人销售盲盒商品，应通过线上线下等不同方式确认监护人的同意。"

在《上海市盲盒经营活动合规指引》发布仅 2 个月后，3 月 15 日潮玩领域新标准《鉴赏收藏用潮流玩偶及类似用途产品》（T/CPQS C010—2022）正式发布。该标准由广州海关牵头联合中国消费品质量安全促进会制定，是我国首个潮玩行业自律团体标准。标准主要从质量安全、消费权益、监督执法三个层面规范行业发展，为执法人员提供产品类别识别依据，有效突破"模糊地带"，提高执法精准度。

## 价值的透支

对于盲盒经济，新华社曾发文评论：盲盒不仅成为一个经济现象，也反映了当下中国年轻人，特别是"95 后"一代的心理和生活状态。惊喜和期待的背后，"盲盒热"所带来的上瘾和赌博心理也在滋生畸形消费，不少盲盒爱好者每月花费不菲，正所谓"一入盲盒深似海，从此钱包是路人"。

盲盒从最初的年轻人发泄日常工作生活压力的玩具，衍变为对新一代"韭菜"的收割，这不仅仅是部分商家的堕落，不仅仅是商业伦理的缺失，正如新华社文章所言，这更是时代价值的一种透支！

低收入高负债正日益成为当今时代的一个重要标签。"现在是'70 后''80 后'在放贷，'90 后'在负债，'00 后'的父母在还债"，这反映了盲盒刺激青少年产生了不负责任的盲目消费。这一场景，似乎与二十年前颇为相似，但又有不同。

二十年前，是"50 后""60 后"在储蓄，"80 后"在刷信用卡消费。所不同的是，当时的"80 后"并没有大规模负债消费的勇气，"卖肾买苹果"只是聊博一笑的故事而已。

当今的"90 后""00 后"，一次次突破社会对消费价值认知的底线，但这似乎并不能仅以 Z 世代的消费理念来统括，而更多的是对当今时代的价值透支。

## 商业创新不能损害社会价值

对此，我们更应该正视：商业创新不能损害社会价值。

光明网的一篇以法律角度对盲盒经济进行讨论的文章指出：虽然盲盒属于特殊商品，消费者事先不知道所购买商品的真实情况，但这不代表消费者的公平交易权和知情权可以被削减或剥夺。其一，消费者有权知道盲盒内商品的大概价位或商品属性。其二，消费者有权知道购买盲盒的"中奖概率"，即购买到盲盒内中意商品的概率有多高。如果这两项权利不能得到保障，消费者将完全沦为"待宰的羔羊"。归根结底，消费者不能因为购买盲盒而减损了基本权利。

古语云："尝一脔肉，知一镬之味；悬羽与炭，而知燥湿之气，以小明大。见一叶落，而知岁之将暮；睹一壶之冰，而知天下之寒，以近论远。"从小小的盲盒消费中能够看到大大的时代价值。泡泡玛特等盲盒企业的发展与当前中国经济的发展态势一脉相承，在集聚大量年轻一代客户资源的同时，这些企业无疑越来越举足轻重，公共性越来越强、社会影响力越来越大。可以说，这些企业通过引导他们的年轻客户，正在为社会重新塑造新的价值观。这种情况下，如何把社会价值嵌入商业和科技创新之中，使公共利益、社会价值与商业资本相辅相成，就显得尤为重要。以 Z 世代为主要客群的泡泡玛特们，如果无法肩负起通过商业创新引导年轻群体社会价值的重任，那么盲盒经济的未来就可想而知。毕竟在以共同富裕为目标的中国，不会也不可能放任一种透支时代价值的商业模式长期存在。